壓力
圓舞曲 第二版

大學生的壓力管理

王淑俐——著

王淑俐

學歷：國立臺灣師範大學教育學博士

現任：臺北教育大學、臺灣科技大學、政治大學、世新大學、
文化大學兼任教授
國家文官學院、臺北市公訓中心、職訓局、各大醫院師
資培訓中心講座

專長：1. 情緒與壓力管理

2. 生涯輔導與時間管理

3. 職場溝通與衝突處理

4. 親子溝通與親職問題

5. 教學技巧與教練溝通

6. 溝通與口語表達訓練

7. 聲帶保健與正確發聲

8. 性別教育與情愛溝通

9. 學習弱勢與補救教學

10. 輔導原理與班級經營

著作：1. 我可以教得更精彩（南宏）

2. 教育高招 1000（南宏）

3. 怎樣教書不生氣（師苑）

4. 教育急轉彎（南宏）

5. 開始自豪，當老師（五南）

6. 做個「教學溝通」的智者（師苑）

7. 你的溝通有沒有用（心理）

8. 國境之南榮——愛、教育與奇蹟（書泉）

9. 壓力圓舞曲（心理）

10. 情緒與壓力管理——幸福「馬卡龍」（揚智）

11. 做人難‧不難（三民）

12. 會做人，才能把事做好（三民）

13. 遇見‧幸福（三民）

14. 溝通交響樂——大學生的人際溝通（心理）

15. 生涯發展與規劃（揚智）

16. 愛情學分與分手藝術（揚智）

17. 與時間賽跑（三民）

18. 掌握成功軟實力（三民）

19. 爬坡‧越野‧馬拉松——大學生的時間管理（心理）

20. 不煩歲月（三民）

21. 快！別錯過！好父母的 12 堂課（心理）

等近 70 本

電子信箱：liliwang0827@yahoo.com.tw

二版序

　　失戀了就殺死前任男（女）友或情敵，失業了就搶超商，看不順眼先打一頓再說，以及因為空虛而導致的自殺等。這些情緒宣洩的方式，令人感慨及擔心，現代人的「抗壓力」是否愈來愈弱？

　　面臨父母離婚或家庭暴力，遇到霸凌、性騷擾甚至性侵等，能冷靜處理這不尋常的狀況嗎？我們期望過櫻桃小丸子般懶散及無憂無慮的生活，而不想面對競爭及挑戰的人生嗎？**特殊狀況雖不常見，但現實是殘酷的，我們不能幻想永遠沒有挫敗、困頓，得先「訓練」及「準備」好解決問題的能力。**

　　進入職場的變化更大，外在的包括社會趨勢、產業發展及市場需求，內在的包括權力結構、團隊合作及人際關係。企業主或主管希望員工的抗壓力足夠，以免遇到難關就依賴或逃避，對大家都造成困擾。

　　從前認為較穩定、少變化的行業，如公務人員、教師，在民選首長及家長參與校務之後，也都成了高效率及富挑戰的工作。其實所有的行業都一樣，必須有開創性、嘗試新事物，要加緊腳步及終身學習。**在競爭與淘汰的壓力下，已沒有輕輕鬆鬆、安安穩穩的工作了。**

　　學習「抗壓」或壓力因應（stress coping）、壓力管理（stress management）的原因，不僅是為了「應變」──因應變化而自我調適，更在於積極地迎向問題、徹底地解決問題。知道或發掘問題的人很多，但不怕麻煩、打破砂鍋問到底、願意承擔重任的人就很缺。「抗壓」並非對抗或消滅壓力，而是與既存或潛藏的壓力共處，在「奮力求生」的過程中，使自己更加茁壯。

　　要隨時紓解壓力、化繁為簡，冷靜及有耐心的解除危機。抗壓性低的人，「成事不足，敗事有餘」；抗壓性強的人，「只問耕耘，不問收穫」。你想成為哪一種？

自序

　　教授「心理學」課程多年，覺得這是門「知易行難」的學問。**不管認識多少「理論」，都不如「實踐」來得重要。**「壓力管理」可落實不少心理學的理論，包括：飲食、睡眠、放鬆、時間管理、正向思考、自我效能等。

　　看似簡單的吃飯、睡覺、休閒、運動等事，怎會處理不好？放鬆心情、樂觀積極、知行合一、目光遠大，不是該有的人生態度嗎？但，餓了吃、睏了睡、開懷大笑，大概只在無憂無慮的嬰幼兒時期可以做到。**稍微「長大」、接觸到社會的真實面之後，就很難「心無罣礙」。**成天擔心這個、煩惱那個，不快樂累積得愈來愈多，無形的壓力不斷地襲來。

　　以競爭壓力來說，從小學、中學一路到大學，我國的聯考制度及升學主義，使得考不上明星學校的人彷彿喪失前途與希望。其實，就算考到名校，壓力並未減少；要擔心被更優秀的人比下去，以及一直承受著別人對你的高期望。有人因抵擋不住「優勝劣敗」的壓力，而憤世嫉俗或自暴自棄，傷害自己或傷害別人，實在可惜！

　　壓力太大會影響身心健康，若一時無法超脫社會的成敗觀念，**也一定要照顧及拯救自己的身心狀態，否則苦上加苦。**若

以積極、正向的心態面對，壓力就會成為貴人，可更清醒及有成就感。

　　壓力管理是透過自我負責及自我掌控，將睡眠、生活作息、休閒運動、思考模式、人生目標等妥善處理。使壓力不構成個人困擾，不導致生病，還使自己更強壯、更有自信。上大學再來學習「壓力管理」有些嫌晚，因為已累積不少壓力，所以需要加緊腳步。

　　藉著本書的出版，我也重新反省，承認自己仍不擅長壓力管理，希望與讀者共同勉勵。

目錄

CHAPTER **1** 壓力不只是危機，也是轉機！——*001*

CHAPTER **2** 壓力的測量與評估——*023*

CHAPTER **3** 壓力引發的身心疾病——*041*

CHAPTER **4** 壓力的個案管理——*061*

CHAPTER **5** 深層的冥想與放鬆——*083*

CHAPTER **6** 讓睡眠及運動「好上加好」——*105*

CHAPTER **7** 做個能夠管理時間的人——*127*

CHAPTER **8** 樂觀與正向是可以練習的——*147*

CHAPTER **9** 打不倒我的，讓我更強壯——*165*

參考文獻——*179*

壓力不只是危機，也是轉機！

壓力事件簿

　　2008 年，爆發世界性金融風暴。教育部為了減少大專畢業生的失業率，規劃「大專畢業生到企業實習方案」，就是俗稱的「22K」方案。

　　申請者（大學畢業三年內）到企業實習一年，由政府補助企業每月 26,190 元（含本薪 22,000 元及勞健保費 4,190元）。一年到期，還可延長補助半年，每月改為一萬元，其他薪資、勞健保由企業自付。

　　教育部於第一階段補助即將結束時，對接受 22K 補助之企業進行調查；統計結果認為，政策已發揮預期效果。如：

1. 八成二企業有意願申請第二階段方案，七成二保證給薪
   22,000 元以上（含政府補助之一萬元）。
2. 約八成企業同意第二階段期滿後（進用六個月）留用實習
   生，近六成企業表示願意為留用者加薪。

　　即使教育部認為實習方案達到預期效果，企業是否留用實習生的關鍵，還在大學畢業生是否有好的表現，以及企業是否有職缺。另外，「22K」使得大學畢業生的薪資水準難以提升，也是一件煩惱的事。

　　勞動部 2016 年 7 月職業類別薪資調查統計，大學畢業新

鮮人的平均起薪再度突破 28K，達到 28,116 元，超越 17 年前的 28,016 元。其中金融及保險業最高，達 31,025 元，接著是專業科學與技術服務業 28,879 元，起薪最低的是其他服務業 23,598 元。

但此統計仍可看出不好的情勢，近 20 年來我國薪資並未明顯成長；某些行業的薪資偏低，不少人難以擺脫「錢不夠用」的困境（包括房價過高、物價上漲的因素）。

第一節　壓力有多大？

由於公共政策的變動、人際關係的困擾、驚人的天災人禍、長期的社會壓力（空間擁擠、經濟衰退、治安不佳、環境汙染）等，現代人的壓力似乎愈來愈大。**當變化太快、負面訊息太多，卻又無力扭轉時，會使人感到愈來愈消極、疲憊。**

以大學生的處境來說，而今學校舉辦的校園徵才，參展企業及職缺都減少了。國立大學碩士生不敢要求薪水，只希望在不景氣中「卡位」成功。多數高學歷者屈就低薪，造成國內平均薪資偏低，社會新鮮人的起薪只低不高。這些不好的消息，卻是必須面對的現實。

勞動部 2017 年 7 月公布 2016 年青少年（15 至 24 歲）整體失業率達 12.12%，較前一年略升；大學失業率達 14.79%，

遠高於平均。勞動部統計處分析,大學失業率相較其他教育程度者為高,可能因為擁有較高學歷,對薪資、工作樣態有更高的期許,才會不斷尋找適合的工作。

期待高薪固然合情合理,但你知道用人單位的期待是什麼嗎?〈你還需要熱情以外的東西〉(小川叔,2017)一文提醒:「**面試官可以接受你的單純——你因為喜歡就來了,卻不太可能接受你對行業、背景甚至企業的不了解,畢竟這是一種疏忽和怠慢,也是致命的錯誤。**」所以找工作時,不能只考慮自己有沒有興趣,卻忘了「**在你想將自己感興趣的東西付諸實踐之前,你做過多少次嘗試?了解過基本的標準和要求嗎?明白自己距離這些有多遠嗎?你又做了多少知識補充?**」

壹、壓力是必然的變數

「人無遠慮,必有近憂」,現在你不好好考慮就業問題,之後必有前途茫茫、找不到出路的痛苦。你選擇面對壓力或等「到時候再說」?你要先努力準備,還是期盼好運?就業條件的累積不可能「臨時抱佛腳」,這是許多找不到工作及常換工作者的「盲點」。

單一專業已無法因應世界變化的速度,所以不少大學積極鼓勵學生跨領域修課。清華大學的招生宣傳說:「雙專長」是清華大學獨創的彈性且跨領域的學習設計,優勢是使同學能在 128 畢業學分之下修習雙專長,且不需審核成績。譬如物理與

材料的雙專長，有助於奈米科技。數學與財務的雙專長，有助於計量財務。化學與資訊的雙專長，有助於計算化學等新興科技。頒發之畢業證書註記雙專長名稱，為升學、就業的最佳證明。

清華大學與新竹教育大學合併後，雙專長組合從原來 150 種增加到 350 種，例如「材料＋藝術設計」、「電機＋音樂」、「教育與學習科技＋資工」等。清大推動雙專長約十年，從一開始僅有特定系所，到現在全校科系都開放雙專長修課。每年選擇雙專長的學生數約 2%成長，至今已超過二成。除清大外，交大也開始推動雙專長制，臺大則鬆綁輔系規定，給學生更大修課彈性。

除了學校的推動，自己也要找機會學習更多專長，還要克服不少「隱藏壓力」，如：學習困難、課業及打工無法兼顧、不知選什麼雙主修或輔系、是否要考研究所、證照考試的準備、不喜歡目前的科系、家庭問題（父母健康不佳或感情失和、親子溝通不良、需要分擔家計……）、生活作息不正常、沒有朋友、與室友相處不睦等。

壓力非全來自外在，與自己的行為更密切有關，如：經濟壓力是因為不能量入為出、理性消費，以致捉襟見肘、挖東牆補西牆。萬一欠下卡債，就陷入更大困境。克制不住購物或享受慾望，也很難「脫貧」。若能積極學習「理財」，壓力反是成長的動力。否則需要用錢時，壓力只會更大，使人更迷惘或

逃避。

貳、壓力是為了學習適應

感受到壓力並非壞事，代表你已覺察到「問題」，才有機會設法因應。**壓力可帶來成長，讓我們更有效適應環境。**

壓力的英文 stress（近似詞為 pressure），源於拉丁文 stringere，意思是「拉緊」或「緊拉」（黃惠惠，2002：196）。據《張氏心理學辭典》（張春興，1989：630）的解釋：

> 個體生理或心理上感受到威脅時的一種緊張狀態，此種緊張狀態，使人在情緒上產生不愉快甚至痛苦的感受。壓力有時具有示警的功能，可使人面對壓力的來源，進而消除壓力的來源，解決威脅。

近似詞 pressure 則是指（張春興，1989：503）：

> 在強制性的情境下從事某種活動時（被動的或是自願的），個體身心所產生的一種複雜而又緊張的感受，或稱精神壓力。

《大英百科全書》（*Encyclopedia Britannica*）將壓力（stress）解釋為：

> 心理學和生理學名詞，指任何可以擾亂身體功能

的緊張因素和干擾因素。物理壓力如冷、熱、噪音等，會引起身體的各種生理反應；心理壓力如挫折、剝奪、衝突等，會導致心理的防衛反應，多數情況會同時引發身心兩種的反應。一個人能否成功地控制壓力情境，對其心理和生理狀態，都有深刻的影響。

《大美百科全書》（*Encyclopedia Americana*）將壓力（stress）解釋為：

> 壓力是在心理、需求、威脅或其他事件中，需要應付的形勢改變。是生活中不可避免的一部分，較輕微的壓力如交通堵塞，嚴重的如配偶死亡，或在戰爭中對死亡的恐懼。壓力反應有很大的個別差異，取決於文化和家庭背景、個人經歷，以及當時的情緒。大多數人能應付日常生活的壓力，但當問題惡化的速度超過他們的解決能力時，也就是說，一個人的適應能力超過負荷時，就會導致慢性疾病、焦慮或抑鬱等。

歸納上述的定義，壓力具有的特性為：

1. 因生理或心理上受到威脅、干擾而起。
2. 會引起生理及心理反應，而且通常不愉快甚至痛苦。
3. 為減輕不愉快的身心感受，個體會採取某些行動來消除或適應威脅、干擾。

4. 壓力是個警訊，可提醒自己面對問題、解決問題。

5. 壓力反應有很大的個別差異，與個人的背景、經驗及當時的情緒有關。

6. 大部分的壓力都可應付，但超過個人適應能力或持續太久時，會導致身心疾病。

壓力研究

　　最早的「壓力反應」（stress-response）研究，是 20 世紀初生理學家 Walter Cannon 主張「打或逃」（fight or flight）的壓力反應。壓力源（stressor）出現時，由腦下腺、甲狀腺、副甲狀腺、腎上腺、下視丘主導的生理反應會顯現於外，如：心跳加速、呼吸急促、肌肉緊繃、情緒激動等。因現代社會不適合表現「打或逃」的行為，激發出來的生理反應，如：血壓上升、膽固醇增加、胃酸分泌、肌肉收縮等無法完全宣洩，因而造成身心疾病。

　　加拿大生理心理學家 Hans Selye（1907-1982）是十分著名的壓力研究學者，1956 年時出版代表作《生活的壓力》（The Stress of Life）一書，後來又統整自己近 50 年的研究指出（1981:128），老鼠遭受各種嚴重的有毒物質和精神刺激後（如震耳欲聾的噪聲、極端的冷熱、無助），產生相同的病理變化，如：胃潰瘍、淋巴組織萎縮、腎上腺功能高張，類似人

類的心臟病、中風、腎臟病和風濕性關節炎。

不同的壓力源卻導致相同的疾病，Selye 認為：「**壓力是身體針對任何需求的非特定反應**」（Stress is the nonspecific response of the body to any demand）。對於身體來說，不同的要求（demand）應該產生「獨有的」（unique）或「特定的」（specific）反應，如：熱的時候流汗、冷的時候顫抖。但不同的壓力源或壓力因子（stress-producing factor），不論是愉快的如一個吻或棋賽，或是不愉快的如肺炎、手指割破等，產生的身體反應卻差不多。

Selye（1981: 129）將面對壓力的身體反應稱為「一般適應症狀」（general adaptation syndrome, GAS），分為三階段：

一、警覺反應（alarm reaction）

突然遭受各種不能適應的刺激，先後有下列兩種反應：

1. **震驚期**（shock phase）：是最初且立即出現的反應，如心跳加快、肌肉無力、體溫及血壓下降等，代表個體正遭受傷害。

2. **反擊震驚期**（countershock phase）：接著腎上腺分泌增加，用以防衛所面對的壓力。經過「震驚期」與「反擊震驚期」，大多數強烈的壓力都可化解。

二、抵抗階段（stage of resistance）

在這個階段，因為已能適應壓力源，所以上述警覺反應階段的生理徵狀得到改善或消失。對於大多數壓力源，已不必與之對抗。

三、耗竭階段（stage of exhaustion）

個體的適應能力畢竟有限，如果壓力過大或時間拖得過久，將不免身心耗竭，使警覺反應階段的生理徵狀再度出現。壓力若不能減輕，嚴重時會造成死亡。

壓力對身體所造成的影響主要在神經及血液兩系統，與腎上腺素的分泌有關。腎上腺素是為提高身體的警覺性，以便「戰鬥」或「逃跑」，包括增加個體的強度和能量，提高身體的防禦能力。但，長期、持續的壓力會導致身心俱疲，使生病的狀況惡化甚而死亡。

第二節 壓力何處來？

Selye指出，壓力無法避免，但壓力不一定構成傷害，可分「優壓」（eustress, or good stress）與「劣壓」（distress, or bad stress）兩種；前者愉快、有治療效果，後者不愉快、會導致疾病。

壹、壓力的質與量

Selye 將生活中的壓力分成四個基本變數，如圖 1-1 所示：

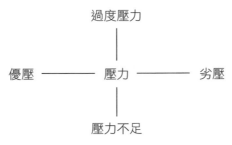

圖 1-1 壓力的四個基本變數

資料來源：Selye (1981: 142)。

Selye（1981: 142）主張，壓力「過度」及「不足」之間，要找到最佳平衡。盡可能找到「優壓」，減少「劣壓」。也就是說，**為了達成個人目標，有時須忍受一段時間的不快樂**。反之，愈怕事，「劣壓」愈躲不掉。

壓力並非愈少愈好，壓力不足，動力也會不足；有時增加壓力，反而能提高生產力。但壓力超過某個限度，生產力會急速下滑。這個限度有頗大的個別差異，個人應敏察自己壓力過大時的危險訊號，以免想挽救時來不及。

Atwater（1994）將壓力分為三類（引自周文欽等，2004：14-15）：

1. **輕壓力**（mild stress）：能激發人更警覺、積極及機智的
   壓力。

2. **中壓力**（moderate stress）：可能對生活產生分裂性的效
   應，對所處環境變得較不敏感，傾向於依賴某些固定的
   因應模式。

3. **重壓力**（severe stress）：會抑制正常的習慣性行為，是
   導致冷漠與僵化的壓力。極端的挫折與困阨，會感到無
   助與絕望。

由此可見，只要壓力不過量，對個人的成長就有幫助；超
過個人限度，會使人停止進步甚而退步。過度的壓力若無法消
除，終將使人崩潰或放棄。

壓力太少也會使人茫然、失落、空虛、失去熱情，能力逐
漸退化，甚至歸入「不思長進」的行列中。所以如何判斷壓力
的「質」與「量」，對個人能否成長就非常重要。

貳、壓力源或壓力因子

壓力源或稱壓力因子，研究上分為三項（Sarafino, 2002；
引自周文欽等，2010：7）：災難事件（catastrophic events）、
主要的生活事件（major life events）、慢性情境（chronic cir-
cumstances）。

黃惠惠（2002：207-210）將壓力因子細分為五種，包括：

1. **自然環境**：指大自然改變引發的災難，如 921 大地震。

2. **微生物方面**：指細菌、病毒引發的疾病，如 SARS。

3. **社會文化／心理方面**：指社會文化帶來的心理壓力，如性別歧視。

4. **日常生活的瑣碎之事**：指每日重複、例行的事情與問題，如塞車、日常家務。

5. **生活事件與變動**：指日常生活出現某些破壞生活平衡的事件，如搬家、換工作、離婚、親人死亡等。

繆敏志（1994：264，274）將壓力源分為外在因素及內在因素，前者如：社會長期事件、災變事件、生活改變、日常瑣事，後者為個人內在的心理變項，如：堅韌（hardiness）性格、A 型性格（type A personality）與控制信念（locus of control）等三項。**具堅韌性格、B 型性格（type B personality）及內控型（internal locus of control）組合者，抗壓力較強。**性格堅韌者對於工作、生活更投入，較能自我控制及勇於接受挑戰。B 型性格者較隨和、悠閒自在、得失心較低。內控型的人相信能為自己的命運負責，努力就可改變情勢。

反之，性格不夠堅韌、A 型性格及外控型（external locus of control）的組合，抗壓力較弱。「A 型性格」最早為 1959 年 Friedman 與 Rosenman 兩位心臟科醫師提出，臨床觀察發現，罹患心血管疾病的人，易怒、焦躁、攻擊性強，並且缺乏耐

心，此類人格特性名為「A型行為模式」（type A behavior pattern, TABP），相對即為「B型行為模式」。針對 3,154 名 39 至 59 歲有工作男性的長期研究，八年半後發現，A型受測者罹患心臟病的比率是 B型的 2.4 倍。

然而目前的研究發現，D型性格──心事多卻悶在心裡的人，以及非心理特性的「E」因素（environment），包括空氣汙染及工作環境，更能使人感受到壓力，而容易罹患心血管疾病。林宜平（2005）在〈從 A 到 E──人格特性與心血管疾病〉論文中表示，A型人格特性與心血管疾病的關係在 1981 年得到正式認證之後，相繼幾個研究結果卻發現，A型人格對心臟病發生的影響並不顯著。甚至有研究在追蹤 25 年後發現，A型組雖然較 B型組容易罹患心臟病，但是死亡率卻比 B型組低 10%。**因為 A 型人格積極進取，心臟病發作後較遵醫囑，願意戒菸、減重、控制飲食。**

荷蘭的研究認為：「**D型性格」的人心事多卻悶在心裡，才是罹患心臟病的高危險群。**近年來公共衛生學界更熱中探討「E」因素──也就是環境與心血管疾病的關係，包括空氣汙染及工作環境。工作環境方面最熱門的議題則是工作壓力、工時與睡眠。**工作需求太高、對工作內容缺乏控制、超時工作、睡眠不足等，都是心血管疾病發生的重要危險因子。**

壓力源的範疇很廣，舉凡有毒物質、氣溫變化、自尊受損、失業、失去心愛的人，以及生命意義的探尋等。壓力包括

「想像的」與「真實的」、「自然的」或「人為的」，大至外界及世界性災難，小至周遭對你是否真心，都可能構成壓力。

現代社會比從前複雜與沉重，所以形成壓力之有形或無形的「要求」相對較多。以重大災難事件來說，遭逢變故難免震驚悲傷，對未來感到惶恐；隨著時間的淡化，多數人能將負向壓力轉為正向，提高復原力（resilience），回復以往的適應及競爭力。不過，仍然有不少人經歷重大創傷後難以「還原」。

參、壓力的類別

除了生活壓力、經濟壓力外，常見的還有人際壓力、工作壓力。

一、人際壓力

社交廣泛的人，這部分的壓力較小；反之，孤獨的人，人際壓力較大。人們都需要別人支持，此稱為「社會支持系統」（social support system）。

但社交廣泛的人如果常與別人發生摩擦，當「人際衝突」的壓力，超過「人際支持」的效果，人際壓力一樣很大。其他人際壓力的狀況如下：

1. 個性害羞，不能自我肯定，不敢表達自己的想法、建議。

2. 遇到攻擊性強的人即不知所措，或怕與人爭論與衝突。

3. 即使自己受到傷害，仍不敢表達，怕傷害別人或破壞人際和諧。

4. 覺得不受尊重，經常被迫做自己不喜歡的事。

5. 覺得自己被欺騙、欺負、利用。

6. 不知如何面對權威人士或如何與陌生人接觸。

7. 不知如何與人分享自己的內心世界（自我坦露）。

8. 不知如何與異性相處或約會。

9. 被讚美時不知如何接受。

10. 固執己見，容易與人衝突。

　　我們不可能與所有人都和諧相處，如：主管不會被每位下屬支持。**對於處不來的人，只交往到某個程度即可；可在家庭、職場之外，找尋其他的歸屬團體。**千萬不要產生「被害妄想」，例如「上司交付我的工作，比別人來得困難」，這樣對人際關係或工作成效，只會「雙輸」。

二、工作壓力

　　職場上或與團隊共同工作時，可能因下列狀況而覺得壓力很大：

1. 跟不上工作或團隊的進度。

2. 不符合上司或客戶的要求。

3. 受到上司、同事或客戶的指責。

4. 覺得上司、同事、客戶找麻煩。

5. 覺得工作要求超過身心負荷。

現今就業環境改變快速、要求增多，如：裁員、工作缺乏保障、工作時間延長、配合新科技發展、加薪或升遷機會減少、貧富差距拉大、生產力須不斷提升、休閒時間減少等，使工作壓力感更強。

「工作耗竭」（burnout）一詞是精神科醫師 Herbert Freudenberger 於 1974 年所提出，**指一群理想高遠、積極的人員，逐漸消失幹勁與使命感而身心俱疲，工作及情緒均感痛苦。**一直被要求處理複雜的工作、面對難解的人際爭端，工作壓力就會愈來愈沉重。工作壓力除了工作本身，也來自人際壓力，如：嚴格的上司、難纏的客戶、相處不合的同事等。

行政院勞委會勞工安全衛生研究所出版的《職業壓力預防手冊》（2010）中指出：

> 「職業壓力」是指因為職業環境上所具有的一些特性，對從業人員造成脅迫，而改變從業者生理或心理正常狀態，並可能影響工作者表現或健康的情形。在職務要求下，從業者在身處工作負荷、工作挑戰、上級要求、作業環境和各種職業安全衛生條件等情境時，將感到衝突、不愉快或身心負擔等變化，而產生

職業壓力。

導致從業人員產生職業壓力的壓力源，分為組織內、外兩部分。組織內的壓力源指公司環境與工作條件，組織外的壓力源則為政治及經濟的環境與趨勢。公司環境包括組織管理與人際關係，工作條件包括作業環境與工作本身。細目如表 1-1 所列。

《職業壓力預防手冊》中指出，**嚴重的職業壓力會引起從業人員的不良適應反應，包括失眠、緊張、不安、焦慮、神經過敏、憂慮、不滿情緒與低自尊等，使從業者的正常功能脫序。**表現在組織上的症狀則有：高缺勤率、高離職率、高職災率、低品質成果、曠職或導致罷工。

第三節 壓力的「優劣」？

壓力固然與外在「要求」有關，但個人如何因應或承受壓力，才是決定壓力是優或劣的關鍵。

壹、對壓力的思考與判斷

壓力是「壓力源」與「壓力反應」的結合，壓力源具有激發壓力的可能，但思考方式才是壓力產生的原因。許多壓力來自於不良的思考習慣，如：以消極或負面態度看待自己及別

表 1-1　組織內外的職業壓力源

組織內職業壓力源					
公司環境		工作條件			
公司組織與管理	人際關係	工作作業環境	工作本身		
			工作內容	職務角色	工作時間與地點變動
來源主要是： 1.組織氣氛 2.組織的走向架構 3.組織文化 4.薪資因素	與上司、同事及下屬間的關係及支持性等	職業場所的物理化學環境，如： 1.噪音 2.採光 3.通風 4.溫度 5.化學物 6.輻射線 7.擁擠 8.振動等	1.工作負荷量 2.工作步調 3.時效性 4.精密性 5.工作安全 6.挑戰性 7.單調重複性	1.角色衝突、工作權限模糊 2.工作承諾 3.責任問題、缺自主權、職業生涯發展等	輪班時間、遷徙範圍、工作時間長短等
組織外職業壓力源					
例如：產業政策、政商經濟局勢等大環境因素。					

資料來源：行政院勞工委員會勞工安全衛生研究所（2010）。

人、自我懷疑與自我批判、逃避外在要求、完美主義、以偏概全等。如：工作被開除，有人擔心之後如何維持家計、繳納房租；有人則覺得可暫時休息，趁此機會尋找真正想做的事，以免一直都做不適合、不真正熱愛的工作，反而得不償失。**對壓力看法的個別差異，使壓力的意義也隨之不同；有人視為災禍，有人看成良機。**

壓力是支撐及抗衡外來刺激的考驗，適應能力與彈性愈強時，壓力感愈小。「意識到」外在要求與個人的資源達到平衡，甚至個人資源大於外在要求時，壓力是一種挑戰。但過度的壓力則使效率降低，導致失去信心。

外在要求好比分水嶺，有人將它視為壓力源，以致免疫功能下降；有人把它當作機會，激發出健康的因應方式。Albert Bandura 研究「自我效能」（self-efficacy）時發現，**個人效能（掌握或支配感）是對抗壓力最有效的緩衝器**。如：不少人有遲到或遲交作業的毛病，於是將「準時到達」與「按時交作業」視為壓力，甚至感到焦慮、憤怒（解釋為過分的要求）。解決壓力的良方，是增加自己對時間的掌握或支配，也就是學習「時間管理」。掌握時間的能力增加，就不擔心遲到或遲交了。

貳、對壓力的反應

遇到不愉快的事件，個人的反應也是形成壓力的重要因素。如：早上睡過頭，拚命趕著上班或上學，結果仍然遲到，影響一整天的心情。反之，若能冷靜下來，想想解決的辦法，如：打電話請假、盡快向相關人員求助與致歉等，才能打破「骨牌效應」，不破壞接下來的行程、效率與心情。

壓力反應包括身心兩方面，過度的反應，如：易怒、焦慮、沮喪、頻尿、便祕、反胃等。身心反應愈大，愈覺得壓力

好大。於是，「壓力很大」與「壓力反應過度」之間，形成了惡性循環。

　　愈怕失去的東西，壓力感愈強，如：事業、戀情、健康、美貌等。同一事件對不同的人，有不同的壓力反應；愈直接相關或影響較大者，壓力反應也愈強。

　　覺得壓力太大的原因之一，還有個人的身心狀態，如：缺乏運動、睡眠品質不良、罹患慢性疾病；或長期不能消除的身心問題，生理上如青春痘、身高、體重等等，心理上如自卑、孤獨、社交恐懼等。會顯得沒有活力與自信，使承受壓力的能力變弱。

　　身心狀態不佳是長期累積的結果，治本之道也須花較長時間改變，如：培養良好的睡眠、運動、飲食等習慣，學習社交技巧（溝通與表達）等，沒有速成之道。

　　壓力人人都有，不必「五十步笑百步」。不可自我誇耀，甚至取笑別人的抗壓力太弱。目前有壓力，意味著要面對它、處理它；目前沒有明顯的壓力，不等於真的沒事。**若能及早發現及面對「潛在的壓力」或小問題，對於身心健康反而是件好事。**

自我練習 壓力再大我不怕

　　「一文錢逼死英雄漢」，如果面臨「經濟壓力」，如：付不出學費、房租，或生活拮据，沒有多餘的錢可以參與人際應酬等，你是否會因此沮喪、無助，甚至自憐、自卑？

　　原因可能是家境貧困或家道中落，也可能是某些不適當的開銷，使你的金錢調度不過來。該怎麼辦？打工固然是辦法之一，若因此影響健康與學業，實在得不償失。省吃儉用也是辦法之一，若意志力不足，忍受不了節衣縮食的辛苦，該如何是好？

　　報載（王慧瑛，2008），24歲的警察張信中為了替父母償還千萬元房貸，平時只穿平價T恤加牛仔褲，一包衛生紙用半年，香皂是贈品。他不吹冷氣，不買飲料，還將分局午餐剩下的飯菜打包，充作晚餐或隔日早餐，並以單車代步。從進入警察專科學校開始，秉持「不逛街、不外食、不用手機聊天」的策略。工作後每月的生活開銷，也控制在五千元以內（含房租、伙食費、手機費、機車油費）。

　　看到張信中的情況，你可能慶幸自己「好命」。比起千萬元的經濟壓力，自己的困境真是「小巫見大巫」。如果能做到張信中的五分之一，也許經濟壓力就減輕大半了。所以，能不能振奮起來，想出開源節流的策略，而且鼓勵自己堅持下去？實驗一、兩個星期，看看效果如何？

CHAPTER 2

壓力的測量與評估

壓力事件簿

　　成功大學法律系教授許育典，2010 年他 40 歲時，當選全國十大傑出青年，獲選的原因是殘而不廢、逆境求生的精神。六歲時因一場意外，許育典被火車輾斷了左手。家境貧困，原本國小畢業就要去當學徒、學工夫的他（兄姊都去做工、沒有升學），反而只能「去念書」。許育典力拚獎學金，但生活費仍然欠缺，連一雙球鞋都買不起，更常以泡麵果腹。

　　考上公費留德，只用四年半時間就取得德國杜賓根大學法學博士學位（因為公費只能補助這麼久）。雖然比別人的修業時間短許多，但畢業總成績卻「特優」。許育典 38 歲就當上系主任，是成功大學法律系歷年最年輕的系主任。他還以法律專長貢獻於許多文教公益事業。

　　許育典的家貧及生理殘障，在外人看來充滿了磨難，他卻認為是苦難造就了他。所以他鼓勵年輕人（修瑞瑩，2010）：「**逆境不一定是逆境，有可能是人生的轉機。**」

　　貧窮、殘障的痛苦，一般人難以體會。當我們自認陷在苦難中，其實比起真正受苦的人，我們的壓力多半只是想像。要接受許教授的鼓勵，相信逆境是人生的轉機，**苦難就能催生自己原本不知道的潛能。**

第一節　壓力如何測量？

　　1930 年代，學者關注壓力引發的生理變化，接著注意壓力的來源。1960 年代以後，發現壓力是人與環境協調的結果，壓力並非只是某些事件，而是個人對這些事件賦予的獨特意義。所以，「認知評估」（cognitive appraisal）在壓力的形成占了重要的地位，包括初評（primary appraisal）、複評（secondary appraisal）及再評（reappraisal）三階段。「初評」是指判斷外在事件的好與壞，區分出是無關緊要、威脅或者是一種挑戰；「複評」則判斷自己是否有足夠的資源來因應壓力，以及如何因應才會成功；最後的「再評」，是對初評與複評的回饋機制。

　　認知評估是動態的過程，若取得新資訊、產生新觀點，原先的初評即可能改變。認知評估的主要目的不在確定壓力的存在，而是設法減少「劣壓」（Coyne & Lazarus, 1981: 150-154）。

壹、生活壓力的評量

　　哪些外在事件會造成壓力？哪些事件的壓力較大？這部分可用「生活壓力事件評量表」來計算，又稱「社會再適應量表」（Social Readjustment Rating Scale, SRRS）。分數的總和

代表個人目前的壓力狀態，如：低度、輕度、中度、重度。這是美國精神病學家 Thomas Holmes 及 Richard Rahe 於 1967 年所編製，如表 2-1 所示。

壓力指數可用來預測未來二年罹患壓力相關疾病的或然率，有些事件即使是好事，也可能造成壓力，如：增加家庭成員（小嬰兒的出生）、傑出的個人成就、度假等。生活變動不論是否在個人計畫之內，都會形成或大或小的壓力，考驗我們的適應或應變能力。所以，**這份量表的真正目的，在協助自己了解目前的壓力狀況，學習如何「面對」或「放下」它。**有些事件的壓力指數極高，但只要能維持在個人的適應範圍內，仍可順利度過。反之，**大部分的壓力事件指數都不高，但積少成多也會超過個人的負荷。**

壓力反應是對緊急狀況的短暫應變，如：心跳加快、血液變濃、脂肪增加等。**若生理上長期處在應變狀態，身體就會超載。**短暫的壓力（acute stress）可加強對細菌、疾病的防禦，超過一個月的長期壓力（chronic stress），就可能成了「壓垮駱駝背的最後一根稻草」（It's the last straw that breaks the camel's back!），讓自己生病。

美國國家科學協會 2004 年學術報告指出：長期性壓力，會使人的老化加速 9 到 17 年；短期且經常性的壓力，也會使人老化 8 年（陳永儀，2006：29）。因為，壓力過大，會從事更多抽菸、喝酒、電腦遊戲、唱卡拉 OK、賭博等嗜好。如：趕作

表 2-1　生活壓力事件評量表

事件	圈選	壓力指數	事件	圈選	壓力指數
配偶去世		100	喪失抵押品贖回權		30
離婚		73	工作責任改變		29
分居		65	子女離家		29
入獄		63	有法律上的問題		29
親近的家人去世		63	傑出的個人成就		28
本人受傷或生病		53	妻子／先生開始／結束工作		26
結婚		50	入學或畢業		26
被解雇		47	居住情況改變		25
婚姻的調解		45	個人習慣改變		24
退休		45	與上司衝突		23
家人的健康狀況改變		44	工作時數或狀況改變		20
懷孕		40	搬家／轉學		20
性的問題		39	休閒／宗教活動改變		19
增加家庭成員		39	社交活動改變		18
工作的再適應		39	借款或抵押次要財產		17
經濟狀況改變		38	睡眠習慣改變		16
親近的朋友去世		37	家人相聚次數改變		15
工作性質改變		36	飲食習慣改變		15
與配偶爭執次數改變		35	度假		13
借款		31	過年		12
抵押重要財產		31	輕度違法		11

表 2-1 生活壓力事件評量表（續）

評分標準：

生活壓力指數	未來二年內罹患與壓力有關的疾病或然率
150 以下（低度壓力）	30%
150～299（中度壓力）	50%
300 以上（高度壓力）	80%

資料來源：Holmes & Rahe (1967: 213-218)。

業或趕工作時，為了增加能量，會大量吃高糖分、高脂肪、高膽固醇的食物。**壓力愈大，愈愛吃甜食、零食、牛排，於是製造過多脂肪堆積在腹部、腰部、心臟血管。** 糟糕的是，壓力過大還會逃避「該做」且能「舒壓」的事，如：運動、上課或工作。惡性循環之下，壓力只會持續升高。

一、壓力指數與生理症狀

壓力過大時，腎上腺素分泌過多，免疫細胞的活動大大降低，容易誘發各種疾病。如胃酸增加而刺激胃黏膜，使幽門螺旋菌有可乘之機。所以，最近六個月內你曾不止一次生病嗎？有頭痛／胃痛／肩膀僵硬／腰痠背痛等狀況卻難以治癒嗎？有人說你的氣色不太好嗎？請試做下面評量，從生理狀況看看自己的壓力指數。

壓力存在的生理症狀，可歸納為以下幾類：

你的壓力指數有多高？

試著回想，最近這一個月，你是否有以下情況？如果有，請打勾。

☐ 眼睛比以前容易覺得疲勞。

☐ 有時會鼻塞，有時鼻子怪怪的。

☐ 過去並沒有耳鳴的現象，但是現在偶爾會有。

☐ 嘴破的情況比以前更容易出現。

☐ 經常喉嚨痛，甚至會覺得刺痛。

☐ 舌頭經常長白色舌苔，可是以前很正常。

☐ 以前喜歡吃的東西，現在並不那麼想吃，對食物的喜好也改變了。

☐ 這陣子體重不但下降了，有時還覺得毫無食慾。

☐ 覺得胃裡面的食物沒有消化，老覺得胃怪怪的。

☐ 最近肚子發脹、疼痛，不是腹瀉就是便祕。

☐ 腦袋總是昏昏沉沉，老是覺得頭重重的。

☐ 有時會頭昏，但是以前沒有這種情況。

☐ 有時站起來會暈眩，而且還感到瞬間頭暈眼花、站不穩。

☐ 感覺肩膀痠痛。

☐ 有時感到背部和腰部會痛，可是過去不太會這樣。

☐ 比以前更容易疲倦，而且疲勞好像不太能消除。

☐ 稍微做點事就立刻感到疲憊。

☐ 對工作提不起勁，注意力也變得較無法集中。

☐ 有時早上睡醒了還是覺得不舒暢，好像前一天的勞累尚未完全消除。

☐ 很難進入睡眠，或者總是睡不好。

☐ 這陣子很常做夢，可是以前並不會。

☐ 有時半夜一、兩點會醒來，然後就再也睡不著。

☐ 很容易為了一點小事就生氣，或覺得焦慮煩躁。

☐ 變得有點退縮，不太想與人接觸，但以前並不會。

☐ 手腳常覺得冰冷，以前則不太會發生。

☐ 變得容易流汗，尤其是手掌或腋下。

☐ 最近常常感冒，而且還很難痊癒。

☐ 有時會有心悸的症狀，但是過去不曾有這種情況。

☐ 有時會感覺胸口好像被勒緊般地發痛。

☐ 有時會突然喘不過氣來，覺得好像缺氧一樣。

資料來源：桂戴作（無日期）。

1. **疲倦**：眼睛、身體等容易疲累，卻不易恢復。

2. **疼痛**：喉嚨、肩膀、背部和腰部的痠痛，胸口緊（心悸、突然喘不過氣）。

3. **睡眠障礙**：難入睡、常做夢、半夜醒來即不易入睡、醒後覺得不舒暢。

4. **精神不佳**：頭腦昏沉、瞬間頭暈眼花、提不起勁、注意力無法集中。

5. **腸胃不適**：食慾降低、體重下降、消化不良、肚子發脹、腹瀉、便祕。

6. **類似感冒**：鼻塞、耳鳴、嘴破、舌苔多、手腳冰冷、容易流汗；容易感冒卻很難痊癒。

7. **情緒障礙**：一點小事就生氣、容易焦慮煩躁、不想與人接觸。

　　仔細勾選後，會發現自己可能有好幾項壓力的徵兆。項目愈多、程度愈嚴重，代表壓力指數愈高。嚴重程度除了主觀評定外，必要時也須經由醫師診斷；切莫諱疾忌醫、忽視或拖延疾病的徵兆，以致錯失治療良機。

二、壓力指數與心理症狀

　　如果下列心理現象經常出現（請打勾），也代表壓力過大。

1. 不安
   - □ 對未來充滿不確定感。
   - □ 老是擔心自己不穩定的經濟狀況。
   - □ 小挫折也感到焦慮。

2. 急躁
   - □ 和別人意見不同時，不等別人說完就搶話。
   - □ 行事急躁，不考慮後果，事後經常感到內疚或懊悔。
   - □ 一點小麻煩也感到煩躁。

3. 緊張
   - □ 覺得工作多得無法應付，擔心無法做好每一件事。
   - □ 想做好每一件事，覺得時間永遠不夠用。
   - □ 分秒必爭，走路和說話節奏快，排隊、點餐都感到不耐煩。

4. 健忘
   - □ 常找不到隨身必備的東西，像是鑰匙、皮夾、手機。
   - □ 答應的事情常記不得。

5. 自卑
   - □ 擔心別人對自己的表現有負面評價。
   - □ 認為上司、同儕、親友不欣賞自己。

6. 逃避
   - □ 常藉菸酒、藥物、零食等來抑制不安的情緒。
   - □ 瘋狂上網、打電話、購物等，不自覺的自我麻醉。

　　由此評量，可更客觀的了解自己。如果經常忘記事情、忍不住想反駁別人的意見、擔心別人的批評、說話又急又快、擔心未來、擔心錢不夠用、打電話的頻率過高、衝動購物、吃得太多等，都是壓力的顯示。**即使外人以為我們態度積極、努力不懈，仍可能正處於高壓狀態，不可掉以輕心。**

　　衡量壓力指數要看身體症狀（包含意外事故增多），還要注意情緒、心智、人際等狀態，如（張琰譯，1999：55-60）：

1. **情緒狀態**：焦慮或擔憂、憂鬱、情緒不穩定、暴躁、敏感、不安、敵意、心力交瘁。
2. **心智功能**：難以集中注意力、不容易做決定、健忘、迷惑、記憶力變差、經常做白日夢、失神、喪失幽默感、生產力減低、工作品質下降、犯錯次數多、判斷力變弱。
3. **人際狀態**：對他人的不當猜疑、責怪他人、經常爽約或臨時取消約會、挑毛病、言語攻擊別人、過度防衛、不理會他人。

　　上述情況再嚴重，可能會罹患「自律神經失調」，精神科醫師王家駿表示（黃寅，2017）：為避開一般人較難接受的「適應困難、焦慮症、憂鬱症」或更嚴重的「精神分裂」（現更名為「思覺失調症」）等診斷名稱，**現在多用大家可以接受的「自律神經失調」，取代過於籠統的神經衰弱。**這樣的做法

並非表示狀況比較不嚴重，而是不要「自己嚇自己」（或嚇到別人），以致無法冷靜、理智的面對及處理「壓力問題」。

第二節 壓力指數的升降

壓力指數的升降不像坐電梯，無法明確知道是上樓或下樓、要到幾樓；若自己迷迷糊糊、任由壓力操縱，壓力指數就可能居高不下，終致身心崩潰、後悔莫及。

壹、壓力指數上升的源頭

高壓引起的身心症狀，並非全由外在壓力，更多是個人的生活與情緒習慣而誘發的「慢性壓力」。

一、生活習慣

1. 太忙碌：生活安排得太緊湊，以致對所有事情都心不在焉，只想趕快做完；疲憊感增多，成就感卻減少。

2. 延宕放鬆與歡樂的重要時刻：經常犧牲放鬆與歡樂的重要時刻，包括與家人相處、休閒活動、規律運動等，沒有適時休息與及時紓壓。

3. 一直做「必須做」及「應該做」的急事：看來像個「工作狂」，所做都是急迫或例行性事務，而非自己真正「想做」或「開發新能力」的事。

4. **失去正確的判斷力**：事情太多（因個人野心或不懂拒絕），無法抉擇哪些是自己「該做的事」（輕重緩急、取捨），也無法判斷該「如何做」（做事順序及技巧）。

5. **生活作息不正常**：工作、休息、用餐、睡眠等行為不規律且不正常，經常熬夜、晚睡晚起、睡眠不足；早上起不來、上班或上學遲到、精神不濟、做事提不起勁等。

6. **暴飲暴食**：偏好含咖啡因、高油脂、高糖、高鹽、辛辣等重口味食物、炸物，使頭腦遲鈍、血壓上升、體內鈣質及維生素 B 群流失，引發心悸與緊張，身體更加無力。尤其是吃消夜，既增加腸胃負擔、易胖，又會影響睡眠。

二、情緒習慣

1. **莫名緊張**：對於外在批評敏感，變得固執、沒有彈性；不僅危害個人的能力與決定，也會損害人際互動，使你憎恨那些丟給你挑戰或任務的人。

2. **負面情緒充斥**：沉溺在憤恨、抱怨、報復、自憐、低自尊等負面情緒當中。

3. **累積壓力**：因為拖延或完美主義，使得壓力如雪球般愈滾愈大。

4. **焦慮**：愛擔心及負面思考，使得生活充滿焦慮，無法感

受輕鬆與快樂。

Arnold Fox 及 Barry Fox（黃明正、高雯玲譯，1993：
181-207）兩位醫師在《一生無病計畫》（*Immune for Life*）一
書指出，人們看待壓力有三種態度：

1. **壓力尋求者**：終日恓惶、反覆無常、成功取向，未能正
   確評估自己的成就，只是不停嘗試超越自己，博取他人
   尊敬和羨慕。沒有什麼嗜好，且認為休閒是浪費時間。
   一點點外界刺激就會引起壓力反應，將解決問題視為一
   場一定要打贏的戰役。

2. **壓力恐懼者**：對世界有著不合理的害怕，覺得外界不友
   善、不愉快、可怕；傾向忍氣吞聲，認為已不可能改變
   現狀。壓抑自己的憤怒與挫折，有強烈的無助與絕望
   感，覺得每件事物都沒有價值（包括自己）。這種消極
   思想會壓抑個人的免疫系統，因而容易生病。

3. **壓力處理者**：認為生活中大多數事情不值得煩悶，能心
   情平靜地找到較好的問題解決辦法。如果無法解決，就
   改變對事情的觀點，使自己處之泰然。

貳、如何降低壓力指數？

適度的壓力可以激發潛能，使人表現得更好；過度的壓力
就會危害身心健康，影響情緒狀態、人際關係與工作表現。所

以，壓力不能妥善處理，會有明顯及嚴重的負面作用。如：心跳過快、血壓過高、呼吸急促、肌肉與神經緊繃、焦慮、憂鬱、恐慌、悲觀、記憶力減退、暴躁，甚至自殘或傷人。

壓力的形成除了外在事件，更在於自己看待與處理事件的態度與方式。**壓力的身心症狀不是一天造成的，除非改變生活、運動、飲食、情緒等習慣，否則無法真正消除。**

壓力管理的方法很多，如：增加耐性，不要凡事爭第一，取得工作與家庭、朋友、健康之間的平衡，早睡早起，飲食清淡，找到適合自己的運動，有足夠的休閒，多聆聽而非急於開口，說話的速度放慢。

Robert M. Sapolsky（潘震澤譯，2002：419-420）在《為什麼斑馬不會得胃潰瘍？：壓力、壓力相關疾病及抗壓之道最新指南》（*Why Zebras Don't Get Ulcers?: An Updated Guide to Stress, Stress-Related Diseases, and Coping*）一書指出，面對心理壓力，第一步是準確辨認壓力反應的訊號，以及探討背後的發生原因。更進一步的做法包括：

1. 找出生活中適合發洩焦慮感的管道：每天挪出一些時間做下列事情，如：祈禱、靜坐、跳交際舞、進行心理分析、聽巴哈的音樂、從事競賽運動等，這些均可有效地宣洩焦慮。不要把壓力管理的工作，留到週末再做。壓力宣洩的方式，有些可能只適合某些人，任何新的嘗

試之後，都要仔細傾聽自己身體的反應，相信自己的感覺，才能找到屬於自己的壓力抒發管道。

2. **避開難以彌補的壞消息**：面對某些超乎控制、無法改變的壞消息，如：戰爭、巨大的天災、政治或經濟的變局、貧窮、重症、選情或選舉結果，要設法避開（不看、不聽、不討論）。面對較小的問題，則以審慎理性的態度，抱持著希望，設法去解決。這兩種相反的想法當中如何取得平衡，是件極為重要的事。

3. **面對壓力時要想辦法控制**：對於正在發生的壓力事件，要想辦法控制，不要拖延、逃避。但對於已經過去或尚未發生的事件，則不必嘗試控制，這樣只會耗費精力，徒增不必要的困擾。

4. **尋求可供預測的正確資訊**：不要悶著頭獨自處理壓力，要向各方尋求有助於消除或預測壓力的「正確資訊」。但還要懂得判斷，資訊太多或來得太晚，都沒有好處。

5. **尋求人際關係的支援**：在這極度個人主義的社會裡，要更有耐心地建立良好的人際關係。大多數人可能花一輩子時間，才學會成為別人的好朋友及好配偶。沒有足夠的付出或對別人釋出真誠的關懷，就不可能建立真正的人際關係。

自我練習 壓力再大我不怕

　　不少人只經歷一兩次失敗、打擊，就失去繼續嘗試的勇氣，陷溺在痛苦中無法自拔。甚至轉化為身心疾病，使日子更加辛苦。身心疾病若未治療或無法痊癒，會怎麼樣？

　　知名導演吳念真，出身於貧困的礦工家庭。初中畢業後從瑞芳到臺北打工，以半工半讀方式取得延平補校及輔仁大學夜間部會計系文憑。之後在寫作、導演及廣告各方面，都有傑出的表現。

　　雖然他的事業逐漸平順，但母親病逝、父親久病不癒而跳樓自殺、弟弟欠地下錢莊賭債也跟著自殺（2002 年），憂鬱症的妹妹燒炭自殺（2005 年）。經歷一連串重大壓力事件後，憂鬱症也找上了他，還好他在年輕時曾擔任臺北市立療養院圖書館的管理員，認識不少精神科醫師，當他發覺自己不對勁時，才懂得要及早就醫。

　　雖然剛開始他也很抗拒看病，最終他仍想告訴病友們：「很多方法都沒用，找專業醫師才對。」他對憂鬱症的妹妹感到虧欠，因為他一直建議妹妹要如何如何，結果未能改善妹妹的病情。他呼籲，若你不是專業人士，最好不要給憂鬱症病人出主意。如今吳念真雖未完全走出憂鬱症的生命低潮，但已學會與它共存、和平相處。

　　比起吳念真的情況，我們的苦難只算「小兒科」。若已

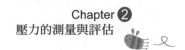

經生病了，除了尋求專業醫療，也要想出各種策略，使壓力
指數降到可承受的程度。

壓力引發的身心疾病

你們說我是不是壓力太大？討厭啦！我只是期末報告、期末考的準備跟打工有點協調不過來而已啦！這種情況大家都有吧！我回去工作囉！

圓形禿

痘痘

壓力事件簿

　　2016 年 11 月，形象健康陽光的藝人 Janet（謝怡芬），在節目中透露自己 14 年前剛入行時面臨困境，因此憂鬱、罹患暴食症，持續三年多。她上傳一段名為「憂鬱症，你並不孤單」的影片，流淚訴說自己的低落情緒。影片一開始，Janet 說：「你們會不會有時候就突然很難過，但不知道為什麼。」並指出她現在就是這樣。Janet 坦承，她也是人，也會難過或突然陷入憂鬱情緒。「有時候會覺得做得不好，會讓大家覺得失望，把壓力放在身上，不會跟別人說。」

　　因為拍戲，追求完美的她，希望一切做到好，不要造成別人困擾，這種求好心切的心態，讓她面臨極大壓力。Janet 也提到，目前在臺灣只有一個人，爸媽、丈夫及親人都在很遙遠的地方，「等到壓力累積起來之後，就不會想跟朋友見面，發現沒有家人在身邊，是件很難過的事情。」Janet 鼓勵大家，「我們不是一個人」，有時候也需要別人的安慰。她提醒大家要有健康的發洩方式，「我們可以找朋友訴說，偶爾讓自己哭一哭，用運動健身，或是看喜劇等，讓自己走出難過的時候，也拉自己一把。」

　　2005 年，偶像歌手楊丞琳因壓力太大、無法抒發，罹患憂鬱症。多虧好姊妹阿雅，常帶她到 KTV 釋放壓力。後來

她重返歌壇，在首張專輯的錄音室配唱過程中，又因製作人要挖掘她歌聲的特色，讓她承受極大的壓力，差點因沒有自信而憂鬱症復發。

藍心湄對抗抑鬱症的方法主要為運動或多培養興趣，像打高爾夫球、旅遊等，不要把生活重心完全擺在同一件事上。大 S 擺脫抑鬱症的方法是服藥、姊妹們的陪伴開解、運動等，三管齊下。范曉萱也曾因壓力過大而罹患憂鬱症，2005 年在她 27 歲時，出版新書《亂寫》，描述自己因憂鬱症而睡不著、消瘦，甚而自虐的狀況。

藝人因壓力過大而罹患憂鬱症的很多，港臺如：張國榮、馮寶寶、林立洋、苗可麗、陳昭榮、胡婷婷、澎恰恰、李康生，國外如：蜘蛛女克莉絲汀・鄧斯特、布魯克・雪德絲、歌蒂韓、金凱瑞等。

除了造成心理疾病之外，壓力也可能影響身體健康，藝人江淑娜被報導因壓力過大而心力交瘁（葉君遠，2004）。她與澎恰恰主持《黃金夜總會》節目時，遭逢父喪及收視率雙重壓力，導致胃酸分泌過多，直接灼傷食道，因病辭去主持人一職。她說：

> 我是個很不會說出心裡感受的獅子座，為了不增加製作單位的困擾，這些小問題我都放在心裡沒說。但小事累積愈來愈多之下，加上父親後事處理

完後完全沒有休息，終於受不了，不得已才提出辭呈。

TVBS 主播方念華也曾因累積工作壓力以及作息不正常，導致「激素分泌失調」（即甲狀腺亢進），造成消化系統無法吸收養分，短短三個月內狂瘦十公斤（林南谷，2004）。

第一節　壓力為什麼導致疾病？

感受到壓力時，腎上腺素（adrenalin or epinephrine）會分泌激素，使身體產生「打或逃」的反應。另外還會分泌可體松（cortisol，常被稱為壓力荷爾蒙），科學家懷疑這是造成憂鬱症的生物因子。**許多急性憂鬱症患者的血液中都含有大量的可體松，約三分之一的憂鬱患者的腎上腺擴大了**（陳儀莊、李根芳譯，1995：179-180）。

壹、腎上腺素等內分泌系統的生理作用與影響

腎上腺素及正腎上腺素（norepinephrine）的分泌，會產生下列生理現象（潘正德譯，1995：34）：

1.心跳加速。

2. 心臟壓縮血液的力量增加。

3. 冠狀動脈擴張。

4. 支氣管擴張。

5. 基本代謝率增加。

6. 四肢的表皮及肌肉中的血管收縮。

7. 氧的消耗量增加。

現代人經常壓抑或隱藏真實情緒，以致無法消耗身體為了應付壓力所釋出的能量。當高濃度的腎上腺皮質素在體內留存過久，會產生胃酸並損傷肌肉組織。**長期性壓力導致腎上腺皮質醇持續分泌與累積**，濃度過高時，會造成下列問題（陳芳智譯，2003：38）：

1. 胃口增加，想吃東西。

2. 體內脂肪增加。

3. 肌肉塊減少。

4. 骨質密度降低。

5. 焦慮、抑鬱感增加。

6. 情緒不穩定（發怒、暴躁不安）。

7. 性慾降低。

8. 免疫反應減弱。

9. 記憶力、學習能力減弱。

10. 經期症候群狀況增加（如抽筋、想吃東西）。

11. 更年期副作用增多（臉潮紅、夜晚盜汗）。

壓力的持續，對消化系統也有負面影響（潘正德譯，1995：44）：

1. 減少唾液量而口乾。
2. 食道肌肉收縮而吞嚥困難。
3. 胃液分泌增加而胃潰瘍。
4. 改變大小腸蠕動，造成腹瀉或便祕。

壓力會降低對疾病的免疫力，對身體的負面影響統整如下（陳永儀，2006：52-65）：

1. 大量的壓力荷爾蒙將引發疾病。
2. 對消化系統的影響：胃痛、消化不良、便祕、腹瀉。
3. 對心臟血管系統的影響：心肌梗塞、腦中風。
4. 對免疫系統的影響：容易感冒。
5. 對癌症的影響：增加接觸致癌物的機率。
6. 對糖尿病的影響：血糖增高，使身體抗拒自己內部的胰島素。

貳、減緩腎上腺素的分泌

壓力會刺激腎上腺分泌，以提供能量應付短暫的威脅。但現代社會因壓力太多，以致身體一直處在戰備狀態；腎上腺一

再受刺激，導致胃酸分泌過多、免疫力下降、自律神經失調，出現焦慮、抑鬱、不穩定（發怒、暴躁不安）等情緒。

其實，**大部分壓力反應引起的「生理喚起」**（arousal interfers）是不必要的，只會干擾思緒、浪費精力、耗費精神，長期下去即是疾病形成及惡化的主因。Selye（1981: 141）建議五項處理壓力的途徑：

1. 去除生活中不必要的壓力源。
2. 不讓中性事件變成壓力源。
3. 對於無法避免或不需逃避的狀況，發展出一套熟練的處理策略。
4. 尋求放鬆之道，或與某些形成壓力要求（demand）的事件劃清界線。
5. 必須學會辨識「過度壓力」（overstress or hyperstress）或「壓力不足」（understress or hypostress），**前者是超過個人適應力的極限，後者會使我們苦惱於無法自我實現（無精打采、厭煩、感覺遲鈍）。**

第二節　與壓力有關的身心疾病

醫學研究證實，長期或嚴重的壓力會誘發身體不適，如：心臟病、高血壓、胃或十二指腸潰瘍、癌症、氣喘、蕁麻疹、

圓禿症、肥胖症、酒精中毒、關節炎、便祕、性功能障礙、緊
張性頭痛、腸躁症等。

壹、壓力引發的生理疾病

一、甲狀腺失調

醫師張天鈞指出（陳盈如，2005：137）：

> 內分泌疾病中最常見的是甲狀腺失調，甲狀腺是
> 影響最廣的內分泌腺，面臨壓力時，血液中的類固醇
> 及甲狀腺素都會上升，免疫系統製造抗體增加。過度
> 刺激甲狀腺分泌甲狀腺素，造成亢進現象，如有坐立
> 難安、脾氣暴躁、心跳加速、失眠、雙手顫抖、怕熱
> 多汗、皮膚粗糙、容易疲倦、體重減輕等超過四項合
> 併出現，就要當心是否為亢進。

張天鈞強調，內分泌疾病的治療是長期性的，尤其需要學
習與壓力做好朋友。如果擅自停藥，沒有徹底放鬆，症狀會反
覆纏身，導致更加悲觀，這就是自尋壓力。飲食以新鮮蔬菜及
低油、低脂肪為主，每天要吃一定量的水果；少碰咖啡、茶和
菸等刺激品，避免海帶、海苔、紫菜等高碘食物。適度運動、
適度睡眠，凡事盡力而為，不要鑽牛角尖。

二、緊張性頭痛

　　心理師柯俊銘（2008）認為，頭痛經驗的個案，超過九成屬於壓力太大導致的緊張性頭痛。這是指：

　　　　在焦慮、憤怒、憂鬱等情緒作用下，交感神經運
　　作失衡，結果頭頸部血流不順暢，周遭肌肉出現僵硬
　　現象。造成兩額太陽穴、後腦勺、後頸、頭頂，甚至
　　全部有壓迫、沉重的感覺。

　　柯俊銘指出，使用止痛藥效果雖然快速，但可能使病情加劇或藥物上癮。除了傳統的藥物、心理、生理回饋（放鬆）等療法之外，也可融入時下流行的芳香療法、穴道按摩。要預防惱人的頭痛，最主要的是學習與壓力共存。

三、消化性潰瘍

　　「習慣性緊張」是長時間承受過度壓力，造成交感神經過度亢奮，自律神經、內分泌系統失調。除了頭痛，還會產生高血壓、糖尿病、心臟病及消化系統方面的疾病。

　　以消化性潰瘍來說，中醫師俞麗錦（2007）指出，一般所謂「消化性潰瘍」大部分指胃潰瘍及十二指腸潰瘍，好發於緊張型的成年人。致病因素往往為飲食無節制、喜好刺激性食物，以及工作過度勞累、精神過度緊張，因而刺激胃酸分泌、

激活胃蛋白，使胃的保護黏膜受損。**醫學界發現，幽門螺旋桿菌是導致消化性潰瘍的罪魁禍首。**「預防」是治療消化性潰瘍最重要的課題，飲食要少量多餐、重質不重量，情緒要保持樂觀、放鬆，作息要正常，並適度運動。忌促進胃酸分泌的食物，如太甜、辛辣、生冷、濃茶、酒、咖啡等。

四、胃食道逆流

報載（詹建富，2008），經濟不景氣使上班族的壓力加大，所以胃食道逆流就診的人數增加兩成，特別是高壓力產業，如：科技、金融保險業與大眾傳播業人員等；因工時長、壓力大，容易成為胃食道逆流的「候選人」。

主要症狀為口腔酸苦、胸悶、胸痛、上腹部疼痛甚至火燒心等，影響到對食物的享受、睡眠、工作的專注力、運動、旅遊、陪小孩遊戲等。除了藥物治療外，更重要的是學習放鬆，並調整飲食習慣，如：少量多餐，盡量避免辛辣、油炸或過甜的食物。最好戒菸，少喝酒及含咖啡因的飲料。

五、腸躁症

心理師聞振祺（2005）認為，腸躁症通常由壓力所引起。當胃酸分泌過多，胃收縮得厲害時，食物及胃酸快速通過小腸，沒時間中和及鹼化就到達大腸。大腸習慣在鹼性環境工作，酸性太強會殺死大腸的好菌，造成腸子收縮、腹瀉。腸道

清空後,會經歷一段時間的便祕,然後又開始腹瀉。

要擺脫腸躁症,關鍵在於了解自己的壓力,學習有效的問題解決方法及時間管理,徹底消除壓力源。還要學習「生理回饋放鬆」,降低緊張感。

六、大量掉髮與圓禿症

皮膚科醫師彭賢禮(2004)指出,因壓力大而大量掉髮,稱為休止期掉髮或壓力性掉髮,這種掉髮通常發生在生產、發燒、重病住院之後,或是有身心重大壓力時。上述壓力事件發生後二至四個月,會開始大量掉髮;再二至六個月,頭髮會重新生長,逐漸恢復到正常髮量。

頭髮的生長週期分為生長期、過渡期及休止期三期,正常的頭髮會不斷新陳代謝,生長期→過渡期→休止期,循環不斷。人的頭髮約有十萬根,每天正常掉落一百根左右。壓力造成頭髮的生長週期改變,許多生長期的頭髮突然轉變到休止期,使休止期的落髮由 5%至 10%,遽增為 25%至 50%。掉髮數目達正常的四至五倍,每天掉落四、五百根。30 至 60 歲的中年婦女慢性休止期掉髮,可能長期的反覆掉髮。其他的掉髮現象會在壓力事件半年至一年後,重新長回正常的髮量及密度。

彭賢禮(2006)說,還有一種俗稱「鬼剃頭」的掉髮,稱圓禿症。在頭皮上出現一塊約十元硬幣大的禿髮區域,可以看

到光滑的頭皮。可能的原因是免疫失調，導致免疫細胞類似自殺式攻擊自己的髮根。圓禿症在睡眠不足、壓力大時，最容易惡化。嚴重者可能頭髮全部脫落，甚至連眉毛、睫毛、鬍子、體毛也一起脫落。

貳、壓力引發的心理疾病

壓力造成情緒上的變化，嚴重時引發心理疾病，如：憂鬱症、躁鬱症、焦慮症、暴食或厭食症、恐懼症、創傷後壓力症、轉化症等。

一、憂鬱症

不少人擔心自己罹患憂鬱症，依 DSM-5 的標準，鬱症（Major Depressive Disorder）是五種以上症狀在兩週內同時出現（頁 94-95），至少包括以下症狀之一：(1)憂鬱心情；(2)失去興趣或愉悅感。

1. 幾乎整天且每天心情憂鬱。
2. 幾乎整天且每天明顯對所有活動降低興趣或愉悅感。
3. 體重明顯減輕或增加（一個月內體重變化超過5%）。
4. 幾乎每天都失眠或嗜眠。

5. 幾乎每天精神動作激動或遲緩。

6. 幾乎每天疲倦或無精打采。

7. 幾乎每天自我感到「無價值感」，或者有過度或不
   恰當的罪惡感。

8. 幾乎每天思考能力或專注力降低，或是猶豫不決。

9. 反覆想到死亡，反覆有自殺意念而無具體計畫，或
   有自殺舉動，或是有具體的自殺計畫。

　　以協助精神官能症患者為宗旨的「生活調適愛心會」表
示，憂鬱症是一種全身（身心）疾病，影響生理（含睡眠與進
食）、情緒及思考（含如何看待自己）。憂鬱症不是一般的情
緒低落，更非一種揮之即去的狀態，通常無法靠自我整合讓自
己好過一點，若不治療，症狀可能持續數天到數年。適當的治
療，超過 80% 可以治癒。

二、躁鬱症

　　如何區別憂鬱症與躁鬱症？憂鬱症必然有「鬱」的症狀，
而且不曾發生「躁」。躁鬱症則必然有「躁」的症狀，曾發生
或正發生「鬱」的症狀。有躁症的人必然是「躁鬱症」患者，
正處於「鬱」期的人，也可能是躁鬱症病人。躁鬱症病人首次
出現的精神症狀為「憂鬱」多於「躁症」，所以原先被認為憂
鬱症的病人，日後改判為躁鬱症的機率不低。躁鬱症的正式名

稱為「雙極型情感障礙症性精神病」，特點是週期性的情緒變化，嚴重的高潮（躁狂）和低潮（憂鬱）交替。

躁症發作（Manic Episode）依 DSM-5 診斷指標如下（頁65-66）：

有一段明顯的情緒困擾並持續情緒高昂（elevated）、開闊（expansive）或易怒（irritable mood）的時期，不斷進行目標導向活動，延續至少一週。下列症狀中至少三項（或更多）（若僅情緒易怒則需四項），明顯改變平常行為：

1. 自尊膨脹或誇大。

2. 睡眠需求降低（如僅睡三小時即覺休息足夠）。

3. 比平常更多話或滔滔不絕無法停止。

4. 思緒飛躍或主觀感受想法洶湧不止。

5. 分心（即注意力很快到芝麻小事或不相關的外在刺激而分散）。

6. 增加目標導向的活動（如：社交、職場或學校、性）或者精神動作激動（如：無意義的非目標導向行為）。

7. 過度參與可能有痛苦後果的活動（如：不停採購、隨意性的行為或貿然投資）。

擔心身邊的親友可能罹患躁鬱症，要及早就醫確診，以免

造成遺憾。發現下列徵兆，就要認真考慮積極協助。如：

1. 突然變得精神很好，整天忙東忙西也不休息。晚上拚命上網、寫 e-mail，一大早又爬起來打電話。
2. 突然變得很有自信，甚至認為自己有「神力」或特殊能力。
3. 突然想出很多計畫，譬如想寫書、創作、開店、投資，寫了許多企劃案，想做一番大事業。
4. 亂買東西，到處送禮，拚命刷卡，魯莽地買下汽車或房子。
5. 話講個不停，而且很難打斷。
6. 變得很躁動，手舞足蹈，情緒激昂，思考「跳來跳去」。

三、廣泛性焦慮

因為眼前的問題不能解決或擔心未來出現新問題，隱隱約約感到不安，無法放輕鬆或享受生活。久之，連自己都弄不清導致焦慮的真正壓力源。外人看來，已達到過於擔心、悲觀的地步。

依 DSM-5 的診斷，廣泛性焦慮疾患是指（頁 122-123）：

> 針對許多事件或活動過度的焦慮及擔憂，至少六個月期間。下列症狀至少要有三項（或更多）：

1. 坐立不安或感覺緊張或心情不定。

2. 容易疲勞。

3. 注意力不集中，腦筋一片空白。

4. 易怒。

5. 肌肉緊繃。

6. 睡眠困擾（難以入睡或保持睡眠）。

四、創傷後壓力症（Posttraumatic Stress Disorder）

依 DSM-5 的診斷，是一組特定的症狀，出現在重大情感創傷性事件之後，如：發生意外事故（火災、空難、車禍）、大規模災難（水災、地震）、人為災難（戰爭），或個人創傷經驗（性侵、被毆）等。幾天到幾個月內，原來的創傷會以噩夢、經常回想當時狀況等方式重複出現，以致干擾睡眠，使人難以集中注意力（頁 143-149）。

精神科醫師鄭婉汝（2009）說：

> 短暫而突然的巨大情緒衝擊，例如被詐騙、親人過世、車禍或失業等，會經由人腦內的杏仁核留下很強烈的記憶，並且與當時發生的情境連結。……這些情境可能會在夢中重現，或不由自主的在腦中回想，同時引發緊張、恐懼的生理反應。……這種創傷後的生理反應，對生活的影響甚鉅。……患者在壓力事件

消退後，生理症狀卻不斷重複出現，如腎上腺皮質醇分泌失衡，導致更多身體症狀，情緒也變得易怒、焦慮、恐慌和憂鬱。

五、轉化症

轉化症（conversion disorder）主要表現在感覺運動系統方面的異常，如：突然癱瘓、失明、抽搐、不能說話等。特別發生在一些心理衝突事件之後，誘發了個體原本被壓抑在潛意識的衝動本能（大多為「性」、「攻擊」或「死亡」本能）。個體為消除這些突然造成的焦慮和壓力，於是轉化成身體症狀。

初次發病後，大部分個案都可在短時間內獲得改善。但仍有四分之一的患者在日後遇到壓力時，會出現類似症狀。出現症狀的時間愈長，愈不好治療，且症狀會變成用來滿足願望或逃避責任的工具。所以**治療上一旦確定與身體疾病無關，便可以考慮心理治療和認知行為治療，把焦點放在生活壓力事件的處理和調適。**

懷疑自己罹患心理疾病時，應先找專科醫師確診，服藥也須由醫師開立處方。大 S、何好玟、唐治平、尹馨等藝人嚴重憂鬱時，在陳國華醫師的治療與鼓勵下逐漸康復。不料，2005年 9 月，曾罹患憂鬱症且自認已經走出來的陳國華醫師，卻選擇了自殺以結束生命。

有些專業人士為維護自己的專業形象，可能壓抑或否定壓

力的存在，低估自己的壓力指數或高估自己的抗壓能力，以致
錯失處理壓力的良機。如果壓力愈來愈重，千萬別放任不管，
最好尋求專業人員或醫師協助。如果醫師建議搭配精神科藥
物，千萬別一味抗拒；遵從醫師的指示用藥，不要過量及任意
停藥。

　　**治療壓力造成之身心疾病，不能只依賴藥物，還需多管齊
下**，包括：營養療法、認知療法、情緒抒發、讓身體動起來、
自我養護等，大部分還是自助及自救的行為。總括來說，要學
習與壓力做朋友，與壓力和平共存。注意飲食、睡眠、運動及
休閒，學習放鬆、樂觀及正向思考。

自我練習　壓力再大我不怕

　　周遭若有親友容易情緒低落，思考總是負面、消極、悲
觀，又常失眠、不想吃東西，甚至有自虐傾向、自傷行為，
雖然你已花了很多時間陪伴他、鼓勵他，但效果都不持久。
最後你也耐性盡失，擔心他自殺又覺得很無力，該怎麼辦
呢？

　　有位罹患憂鬱症的女大學生說，每當她陷入糟糕的情
緒，朋友就說：「說自己有憂鬱症的人，才不是真正有憂鬱
症，而是想得到別人的關心。」這番話聽得她好心酸，她確
實想得到關心，但不會拿憂鬱症當藉口。

　　每當她無法控制持續低落的情緒，天天失眠而影響到上課時，她不讓父母知道，因為父母很難理解她的悲傷，她也不想讓父母擔心。只好每天晚歸，一回家就關進屋裡，和父母的距離愈來愈遠，父母卻誤以為她叛逆、愛搞怪。

　　與朋友相處時，她習慣當付出者的角色，為了成為朋友心目中「最好的朋友」。變得容易嫉妒，帶給朋友很大壓力而經常吵架。尤其在情緒低落時，更怕朋友與她吵架。對此她很苦惱！大四即將畢業，她卻花了大半時間在處理人際問題，學業也不專精，日後要如何面對社會？

　　比起這位憂鬱的女大學生因天天失眠而耽誤課業，一般大學生的學習困境，如：懶散、目標不明確，算是較容易解決的。如果不希望自己愈陷愈深，就要趕緊找出能夠提升學業、人際關係、未來目標、就業競爭力的策略，鼓勵自己堅持下去。只要肯做，就不會因為「一直擔心」而覺得壓力好大。**一味「煩惱」無濟於事，只要還有一絲力氣，就要鼓勵自己採取行動。**

CHAPTER 4

壓力的個案管理

壓力事件簿

　　教育部曾規劃推動「四加一專案」，大學畢業生修習一年課程，即可獲得第二專長學士學位。教育部技職司特別說明如下（2010 年 5 月 25 日公告）：

1. 該方案試辦之初步規劃，以辦學成效良好學校，且企業所欠缺人力之相關學系為優先考量。該方案主要目標為配合產業快速變動的技能要求，培育產業所需人才，另一方面彌補大學階段所學專業技能無法完全符合企業需求。

2. 該方案實施對象為已獲學士學位者，最低修業年限為一年，學校可就學系特性延長修業年限。課程規劃上，學校應比照大學雙主修模式，提供開設學系之專業核心科目，並與職訓中心、產業界合作，共同參與課程規劃與執行。

3. 該方案規劃目標，界定在現有職場人士知能深化，及畢業學生第二專長培養。由於課程強調對焦產業需求，協助取得專業證照、實習經驗等，故以產業需求為導向，與強調學術研究能力養成之「碩士」學位之教育目標不同。

4. 該方案實施採行密集學習，學校開設課程時間，可針對不同進修人士需求給予彈性設計，必要時得採三學期制。

　　但，東華大學副校長張瑞雄（2010）對教育部「四加一

專案」並不看好，因為：

> 就業最重要的其實在「態度」問題，與其再上
> 課一年，不如好好想辦法改變同學們對人生的態度
> ……在學校裡錯誤通常會被原諒，當掉可以重修、
> 上課允許遲到、蹺課，且允許奇裝異服；但在真實
> 的社會裡，錯誤要自己負責，遲到早退免談，缺席
> 可能就不用再出席，服裝有一定的禮儀等。如不培
> 養學生對人生負責認真的態度，學生永遠找不到好
> 的工作。

張瑞雄認為，幫助學生就業，重點不只是加強專業知
能，更在培養負責認真的態度。現今大學教育允許學生錯誤
態度的出現，那麼，再回大學讀一年又有何用？不少學者認
為，大學生應該利用在學期間具備跨科整合的能力，不要等
到畢業甚至失業，才回到學校補救。教育部高教司修訂「補
助大學校院辦理跨領域學位學程及學分學程要點」，以六大
新興產業，包括健康醫療照護、文化創意、綠色能源、生物
科技、觀光旅遊及精緻農業，及其他重大政策，如：海洋法
政、科技管理服務、華語文教學研究、臺灣與亞太區域研
究、婦女研究、性別平等研究、新住民家庭經營等，為優先
補助對象。

第一節 「抗壓」為什麼那麼重要？

職場新鮮人要承受社會嚴峻的考驗，除了大學課程加強就學與就業的銜接，減少學界和業界的落差外，更要加強學生的穩定性與抗壓力。如今，愈來愈多企業將「**面對壓力的反應**」（**或稱「抗壓性」**），視為選才的要件；壓力的因應與管理，成為企業內部訓練的重點。「抗壓」包括：

1. 以平常心對待壓力，有高度的挫折忍受力。
2. 能自我激勵、正向思考，具幽默感。
3. 能知覺自己的疲憊而適時放鬆，調整生活步調。
4. 知道如何取捨，能專注在重要的事情上，將次要的先放一邊。
5. 能獨處與自我寧靜。
6. 把批評當作有益，不會過度反應。
7. 能欣賞自己，不會一直與人比較。
8. 大部分時候心情愉悅、身心平衡。

壹、壓力的因應與處理

內分泌治療專家張天鈞（陳盈如，2005：139）認為：「減壓不是逃避現實，而是把身心狀況調適到最佳狀態，去迎接壓

力來臨。」因為壓力無處不在，不妨改變心靈、檢視自己的生活型態。境隨心轉，只要願意換個想法、調整態度，就會有不同的領悟，壓力反而變成助力。

抗壓性強的人，在心理、身體、社會三方面都很健康，如：

1. **心理健康**：具有活潑、朝氣蓬勃的心靈狀態，如自信、樂觀，熱中於事業及個人興趣。
2. **身體健康**：養成良好的生活習慣，如早睡早起，運動，從容與營養的早餐，懂得暫停及休息，傾聽自己身體發出的訊息。
3. **社會健康**：能得到周圍許多人的幫助，有心事與困難時，有良師益友可以傾訴與請教。

減壓、紓壓並非想想而已，具體步驟與途徑如下：

一、壓力事件的評估與判斷

美國神學家尼布爾（Reinhold Niebuhr）的祈禱文說：

> 賜我寧靜去接受無法改變的事，
> 賜我勇氣去改變可以改變的事，
> 賜我智慧去分辨這兩者。

評估形成壓力的「要求」，比如何處理壓力更為重要。我

們每天經歷無數的人與事，在極短的時間內，即要做出判斷與反應；判斷它是無關緊要或是威脅，或根本不是壞事，甚至具有潛在的報酬。你的「知覺過濾器」──看待他人、自己及世界的方式，會影響之後的發展。如果員工總懷疑上司不為他的利益著想，再厚道的上司也會厭煩這種不斷質疑的下屬。**個人不合理的知覺會「形成」更多壓力，使自己陷溺在「地獄」當中。**

　　糾正形成壓力的不合理思考，步驟如下（王美華譯，2002：264-266）：

1. 感受壓力時，練習傾聽你的自我對話。
2. 監控那些造成壓力的不切實際、假設性的想法。
3. 檢查你是否以曲解的態度來處理訊息。如：誇大事情的嚴重性、只注意細節而非全貌、兩極化思考、完美主義、推卸責任等，這些即是提倡認知治療法的 A. Beck 在 1976 年所說的「自動化思考」（automatic thoughts）。

二、訂定合理的目標

　　適當的壓力能產生力量，而非使人軟弱。反之，訂定目標後若覺得難以承受，就表示需要修正。應拋開完美主義，否則只會打擊自信。自我期望過高，最易形成壓力，所以，缺乏恰

當的標準來衡量自己,反而阻礙自我的發揮,提早推向放棄與
失敗之路。

**如果你現正為壓力所苦,可能是「高估」了自己,未能循
序漸進,一直驅趕、鞭策自己,不允許落後與休息。**日本漫畫
《家庭教師》(天野明,2008),主角阿綱就讀的「並盛國
中」,校歌闡揚的「剛剛好」精神——不大不小、平平凡凡,
對於我們訂定目標,應能給予若干啟示:

> 被綠意環繞的並盛,不大不小剛剛好。跟往常一
> 樣,那麼活潑。哈哈!大家一起來歌頌吧!並盛國
> 中。
>
> 在朝露閃耀的並盛,平平凡凡剛剛好。總是不認
> 輸,那麼活潑。哈哈!大家一起來歡笑吧!並盛國
> 中。

感覺壓力太大,可能是因為目前所做的工作(或所讀的系
所)不適合你,應該放下「包袱」、另謀出路。但你不知如何
取捨或拒絕,只能繼續忙碌。壓力可能來自「對未來的焦
慮」,結果卻表現為「對現在的逃避」,沒有把眼前的事情做
好。

三、找出壓力源

找出壓力源並不容易,因為壓力不一定顯而易見。例如你

常擔心工作的期限，也許是拖延導致的壓力，而非工作的難度。不少壓力是自己製造的，如：說謊或做了壞事，自以為盡了全力卻敷衍了事。這些習慣或感覺控制不當，就會愈來愈沮喪、焦慮、無力。

壓力源常來自態度和藉口，如：認為自己天生容易緊張、是別人給我們壓力、家境貧困等。除非接受自我的責任──包含為自己的想法、情緒、時間、環境、問題等負責，否則無法控制你的壓力。有些人雖然家庭不健全，依然能從壓力中跳脫，沒有悲觀或變壞；反而加倍努力、更加勇敢，激發出鬥志而突破瓶頸。

四、覺察自己壓力管理的方式是否健康

覺察自己如何因應壓力，如果因應的方式不健康，反而會使問題更加複雜。如：

1. 抽菸、酗酒。
2. 暴飲暴食。
3. 看電視太久或沉迷網路。
4. 睡太多。
5. 故意把自己弄得很忙（其實是逃避壓力）。
6. 遷怒。
7. 使用安眠藥甚至毒品。

8. 退出與朋友、家人的團體活動。

不健康的因應方式也許能暫時減輕壓力，卻會產生更大的破壞力。健康的方式，如：

1. **避免不必要的壓力**：知道自己的極限，練習說「不」。避開那些容易造成你壓力感受的人事物，如睡前不看新聞、換一條時間較長但不繁忙的上班路線，避免那些會產生爭論的話題，減少工作清單上的事情。

2. **改變局勢**：如果不能避免緊張局勢，就要試著改變它；如改變溝通方式和日常生活，要更有自信地表達你（不滿）的感受，而不是壓抑；願意妥協，雙方至少都退讓一點；其他如管理自己的時間，也是能快速消除壓力的方法。

3. **適應壓力**：如果不能改變壓力，就改變自己；重新構建問題，把大事化小；培養遠見，以大局為重；降低標準，不求完美；保持積極、正向的心態，先盡人事而後聽天命。

4. **接受不能改變的事**：我們無法阻止或改變所有壓力事件，如親人死亡、嚴重疾病、經濟衰退。這種情況之下，最好的辦法是接受它，不要試圖控制；從壓力中尋找好的一面，學習原諒。其實向人傾訴、吐苦水，分享自己的感受，也是不錯的方法！不敢示弱或不承認自己

無能為力，反而更糟！

5. **學習放鬆與增加生活樂趣**：不要陷入忙碌的生活，而忘了照顧自己的需要。每天撥出一段時間自我鬆弛，從事可帶來快樂的休閒活動。多看喜劇，保持幽默感。多花些時間與正面、親密的人相處，也是放鬆的良方。

以「與正面、親密的人相處」這部分來說，資訊科技的發達，使我們的朋友增多了。有困難時，透過網路求助或訴苦，對於紓壓其實頗有幫助。但不要只想取暖或得到安慰，結果反而逃避問題。若因此減少與家人、朋友真實的接觸，導致人際疏離，只會加強壓力感，失去最有力的人際支持、情感資源。與親友相處，深度比廣度更為重要（王美華譯，2002：187）：

> 就降低壓力來說，擁有少數幾個你可以透露心事，並且隨時準備與你分享資源的好朋友或家人，遠比擁有一大堆膚淺的人際關係更有價值。然而最好是兩者兼備——與一大群人建立愉悅的關係，並擁有少數經過挑選的親密好友。

貳、多管其下、多多益善

精神科醫師楊聰財（2009）表示，長期處在壓力下的人，容易出現生理疾病。輕者如頭痛、心跳加快、心悸、青春痘或

口腔潰瘍等，嚴重的有腸胃病、氣喘、皮膚病及自律神經失調等。對於壓力的紓解，可從日常生活簡單的部分做起，包括：

1. **均衡的飲食**：避免刺激性食物，如巧克力、咖啡、酒、油炸類。細嚼慢嚥，有舒適的用餐環境。

2. **充足的睡眠**：注重睡眠環境，保持良好的睡眠品質。

3. **運動與休閒**：適度與適時的運動及音樂，可幫助壓力的紓解與身心放鬆。

4. **按摩或 SPA**：壓力最容易造成肌肉僵硬與痠痛，適度的按摩可讓疲憊的身心得到紓解。

5. **找人傾訴**：有壓力時不要老往肚裡吞，應找個可以信任的朋友或家人說出來，盡量別讓自己獨處。

6. **使用腹式呼吸法**：以深呼吸方式，讓情緒平穩一點。

7. **遠離菸酒及毒品**：抽菸、喝酒甚至吸毒，不但無法解除壓力，還會上癮，危害身體健康。

8. **寫心情日記**：每天睡覺前把自己的心情寫下來，如果發現長時間都是負面心情就要小心，可多寫些正面的話來激勵自己。

面對壓力事件，不要低估自己擁有、可因應壓力的「資源」；要有意識、理性的陳述，確認自己對壓力的解釋沒有不合理，盡量列出解除壓力的方案（可透過朋友或專家共同「腦力激盪」），並做出「最佳選擇」。

壓力管理方式要「多管齊下」、「多多益善」，即使已做了「最佳選擇」，並不表示最有效或唯一的選擇，還是要透過身體力行與體驗，多聽聽別人的意見，逐步調整出適合自己且健康的紓壓方式。

第二節　訂定適合自己的壓力管理方案

壓力管理的四字訣（黃亞琪，2009：98-106）：

1.「冷」：冷靜帶來集中力，專注於戰勝自己。
2.「分」：分清非贏不可與可以放手的戰場。
3.「耐」：耐力對壓力，多堅持一分鐘。
4.「跳」：跳脫常軌，在生活中創造一點改變。

乍看只有四個字，做起來應該不難；但每個人能夠冷靜、分辨、耐力、彈性的程度不同，所以壓力管理的「實踐」方式也不一樣。

壹、壓力管理方式因人而異

工作壓力可分為短期、中期、長期三種，各有壓力管理的策略（吳凱琳，2009：120-121）：

1. **短期壓力**：如上臺演講、面試、最後期限、緊急決策、

拜訪重要客戶等，要穩住情緒、保持微笑、放慢速度、延緩決策時間。

2. **中期壓力**：如換工作（環境或職務）、新主管上任、接下重要專案等，要主動說出自己的壓力、事先做好詳盡規劃、尋求外在援助、做最壞的打算。

3. **長期壓力**：如處於高壓的工作環境、工作與生活不平衡、職場人際問題、悲觀的性格與心態等，要清楚自己到底要什麼、確認自己或別人的問題、養成紓壓的好習慣、改變自己性格的缺點。

其實上述三種工作壓力，也有頗大的個別差異，並非每個人一定會有上述壓力。

由壓力因子、個體因素、資源運用等方面來看，黃惠惠（2002：260-273）提供九種壓力調適的方法：

1. 減少不必要的壓力因子。

2. 了解自己並建立合理的期望。

3. 改變對事物的認知。

4. 增強問題解決能力。

5. 有效的時間管理。

6. 培養並實踐健康的生活方式。

7. 學習放鬆技巧以紓解身心緊張。

8. 建立並善用社會支持網絡。

9. 尋求專業協助來度過難關。

柯俊銘（2008）認為，現代人的生活壓力更勝以往，所以
學習與壓力共存的建議如下：

1. **簡化生活**：考量事情的本末先後、輕重緩急，別老想著
   一氣呵成。避免凡事親力親為，懂得拒絕或分工。

2. **管理時間**：善用行事曆或記事本，預先規劃每日行程，
   安排活動時不要過於緊湊。

3. **調整態度**：建立正向思考，改變非理性的認知方式。對
   於無法掌控的事，不妨順其自然，以免徒增困擾。

4. **撥空休息**：每天要找空檔喘息，即使只有幾分鐘假寐片
   刻、喝杯花草茶，或練習肌肉放鬆、深呼吸、冥想等。

5. **規律運動**：不管是伸展、靜態的太極拳、瑜伽，或是慢
   跑、騎腳踏車等有氧、動態運動，都能增進氣血循環，
   釋放體內張力，讓緊繃的身心獲得舒緩。

6. **注意飲食**：三餐盡量低糖、低鹽、低熱量，以簡單、清
   淡為主，多吃新鮮蔬果、全穀類與海魚，菸、酒、咖啡
   等刺激性的飲食要節制。

7. **笑口常開**：培養幽默感，刺激腦部分泌安多酚等化學物
   質，讓人感到樂觀，擁有好心情。

哪些食物可以增強抗壓力？如（陳永儀，2006：33）：

1. **維生素 A**：可提升抗壓力，如肝臟及黃綠色蔬菜。

2. **維生素 B 群**：可活化神經，避免產生焦躁、不安的情緒，如豬肉、糙米。

3. **維生素 E**：可抗氧化，協助人體清除廢物，如大豆、堅果類。

4. **鈣**：可促進血液循環，鎮定神經，避免情緒焦躁，如奶製品、芝麻、海藻、黃綠色蔬菜。

5. **鉀**：可抑制神經過敏，如蔬果、豆類。

6. **鎂**：可抑制神經過敏，如堅果、香蕉。

藥草也有紓解壓力的功效（陳永儀，2006：85），如：薰衣草、洋甘菊、羅勒、菩提樹、茉莉花、玫瑰果。花草茶或精油療法，就是運用藥草的紓壓效果。

現代人的壓力較大，承受壓力的能力卻變差了。因為偏好高壓力食物（如：炸雞、可樂、油炸品），過量的咖啡因、酒精、高熱量食物、菸，反成了壓力源。加上晚睡晚起等不健康的生活習慣，引發或加重了身心疾病。精神上過度自我要求而備受痛苦，忽略自己的因應能力。

若有人過著低品質的生活，卻說自己沒有選擇的餘地，情況只會更糟。必須學習放慢腳步，不以長時間工作來達成目標。改變自己（可能要徹頭徹尾的更新），找回對生命的選擇權、主導權。

貳、有效抗壓的思考與運用

湯華盛醫師表示，紓解壓力首先得找到令自己煩惱的原因；試著以「壓力日記」，記錄面對壓力源的身心反應及因應方式，再思考有否更好的方法，並評估效果（洪素卿，2001）。壓力日記的內容包括：

1. 什麼狀況使你覺得有壓力？
2. 感覺到此壓力時，生理和情緒上有什麼變化？
3. 你如何處理這個壓力？
4. 你做什麼讓自己感覺更好？

壓力日記可採表格或敘述方式，建議表格如下頁。

壓力日記可以幫助識別生活中經常出現的壓力，以及應對方式。記錄一段時間，應可收到預防壓力的效果；因為已逐漸找出適應壓力的較好方式，如：行事不宜躁進，讓自己有較充裕的時間做決定，產生變化之前盡早擬出因應策略等。

壓力無法完全避免，但可將它當作警訊。重要的是訂出壓力事件解除的方法與期限，並著手進行。效果不佳時，隨時修正。以半年為期，示例如表4-1。

壓力管理的方向包括：運動、飲食、放鬆、時間管理、睡眠、幽默感、音樂欣賞等，**最重要的是依據上述建議，規劃出適合自己的個別方案，然後不斷學習與練習，直到成為生活模**

壓力日記

日期			時間		
情境／事件					壓力強度（　）
想法					我（　）%這麼認為
反應	情緒		結果	情緒	
	生理			生理	
	行為因應			事件結果	壓力強度（　）

填寫說明：

1. 日期／時間：記錄壓力事件發生的日期與時間。

2. 情境／事件：寫下令你感受到壓力的情境或事件。（括號內填入此一情境或事件令你感到多大的壓力，0～10，壓力愈大，數字愈大。）

3. 想法：面對這樣的壓力情境或事件，你的想法是什麼？（括號內填入你對這樣的想法有多大百分比的信心，0～100，你愈肯定則數字愈大。）

4. 反應／情緒：你對上述的情境或事件的情緒反應。

5. 反應／生理：在面對上述的情境或事件時，你有什麼樣的生理感受？

6. 行為因應：最後你如何處理這樣的壓力？

7. 結果／情緒：在處理之後，你的情緒為何？

8. 結果／生理：在處理之後，你的生理感受又是怎樣？

9. 事件結果：在處理之後，上述的情境或事件變得怎麼樣了？（括號內填入在處理之後你感受到的壓力有多大，0～10，壓力愈大，數字愈大。）

資料來源：取自壓力日記（無日期）。

表 4-1　半年之壓力事件、解除方法與期限（例如上半年 1 月至 6 月）

壓力源	解除壓力的方法	解除壓力的預定期限
與上司意見不合	1. 找機會與上司懇談，了解上司對自己工作及態度的看法，以消除誤解。 2. 改變自己的心態，多向上司請教以自我改善。	1/1～1/31
睡眠不足、體力不支	1. 提早睡覺、固定時間起床。 2. 固定運動以增強體力。	1/1～3/31
在職進修的課業要求	1. 提早規劃、分散進行。 2. 利用平常零碎時間複習功課。 3. 善用假日較長時間寫報告。	3/1～6/15
父親生病住院	1. 家人排班輪流探望。 2. 雇請看護照料。	住院期間 1/12～2/20，之後預計休養三個月。
工作上的大活動	1. 規劃時程表。 2. 與相關人員討論及有效分工。 3. 定期開會檢核工作進度。	3/1～5/31

式與養成良好習慣為止。沒有一套快速解除壓力的方法，「求速效」往往得不償失。如：許多公司以縮減預算、縮小規模、裁員等方式進行改革，結果反而使有能力的人被裁掉，或因留用人員負擔過重而提前耗竭。

　　Bernie S. Siegel醫生研究罹癌後存活的「特殊病人」發現：「對壓力的反應方式，比壓力本身更為重要……無助比壓力本

身還要糟糕。」（邵虞譯，1994：88-89）使壓力導致好的結果，就是良性壓力。壓力管理就是練習自我控制，避免無助感——受制於人或環境。愈能掌控工作、生活及時間的人，就愈健康；反之則心力交瘁。但如果你給自己設下某些「限制」，就不會想努力改變，因為你已放棄了自我掌控權。

雖然無法掌控情況，至少掌控你對情況的反應。外控型的人認為事情多半無法控制，將成敗歸因於外在環境；內控型的人則相反，認為事情多半可操之在我，相信靠著學習與練習，可以改變情況，如：選擇健康食物、結交益友、安排休閒與運動等。**不論發生什麼事情或結果，內控型都接受自己對於成敗應負的責任。**

不少人以為對壓力的適應及管理良好，其實只是習慣了壓力或逃避壓力。一味壓抑而未處理，只會使壓力累積及持續。否認壓力的存在，情況只會更糟，終於一發不可收拾；這些人更需要學習「壓力管理」。

自我練習 壓力再大我不怕

人生可能面臨各種壓力，如：經濟、人際、工作、情感、疾病等。以痛苦指數來說，最具有真實感的應屬健康遭到威脅。即使是能治癒的疾病，許多人也覺得十分難熬，何況復原機率極低的重症！該如何調整心情？

　　單國璽是全球唯一華人樞機主教，2006 年 8 月 17 日，84 歲的他發現罹患了肺腺癌。他決定不化療、不電療，一切以平常心看待，不求奇蹟發生。單國璽（2007）罹癌當時寫了一篇文章——〈當我得到絕症時〉，給所有關心他的朋友：

> 　　在得了絕症之後，我便把「肺腺癌」交給醫師，將調養交給自己，將末期肺腺癌交給安寧療護，把遺體交還大地，將財寶留給心愛的朋友，將靈魂交給天主……我把它當作天主賜給我人生旅途中最後一程的伴侶，它時時提醒我說：「這場賽跑，你已快跑到終點，要竭力向前衝刺，分秒必爭，勝利在望！」「愛」使我把握時間，盡量利用「老病廢物」的剩餘價值。

　　除了應有的治療，他隨即展開全省「告別生命巡迴演講」；講了四年多、五十多場，依然充滿生命力。2012 年 7 月 31 日，他寫了一篇病中感言：「掏空自己，返老還童，登峰聖山」，描述病中三次重大的出醜經驗，使他失去全部尊嚴、顏面，卻也放下所有虛榮與自滿。

　　一次是主持彌撒時，因吃了強烈的利尿劑（以便將肺部積水排出）而尿濕褲子，地板上撒滿尿水。第二次是吃一些瀉藥，半夜藥性發作，叫醒熟睡的男看護攙扶入廁。未到馬

桶前，糞便不自禁地撒在地板上，被男看護訓斥：「離馬桶兩三步，你都忍不住！給我添這麼多麻煩！」第三次出醜是在醫院接受放射性治療，因沒有準備排尿器具，忍不住尿濕了半條褲子和輪椅上的坐墊。

單國璽樞機主教已於 2012 年 8 月 22 日辭世，不論你是否為教友，一定對豁達大度的他欽佩不已。比起生命末期的壓力，我們的小病小痛實在微不足道。能不能因此振作起來，擬出維護健康或治病策略，並堅持下去。只要肯做，不僅壓力得以消除，還能激發更大的快樂及對社會的貢獻。

CHAPTER 5

深層的冥想與放鬆

半夜

我發現我只要一緊張，就會心跳加速，甚至喘不過氣來，而且晚上也睡不著了！

是妳平常呼吸速度太快了啦！現在開始慢慢練習腹式呼吸，目標是每分鐘五次！

好難！

壓力事件簿

　　據報導（梁朝順、吳家欣，2009），Carl Honor 因 2004
年推出《慢活》（*In Praise of Slow*）一書而聲名大噪。他走
訪義大利數個「慢城」——一種挑戰過去百年來與速度拔河
的生活態度，鼓勵大家從「慢城」進而學習「慢活」。

　　許多人拘泥於字面上的「慢」，僅以速度來解讀；其實
「慢」是講究身、心、靈的協調和平衡，讓人更進一步了解
自己。隨著不同的成長環境和經驗背景，學習如何尊重和認
同自己。重新定位生活的輕重緩急，該快的時候快，該慢的
時候慢。由自己給速度定位，而非追尋他人的標準。慢，是
為了追尋生活品質，悠閒地享受生命每一個當下。

　　Carl Honor 生於蘇格蘭、長於加拿大，到愛丁堡大學雙
修歷史學與義大利文，是知名記者，現居倫敦，為《經濟學
人》（*The Economist*）、《觀察家》（*Observer*）、《國家
郵報》（*National Post*）與《休士頓紀事報》（*Houston
Chronicle*）等各大媒體撰稿。

　　看到 Carl Honor 所倡導的生活態度，你的想法是什麼？
覺得很有道理，或過於理想？現代人的生活步調太緊湊，一
味追求速度，弄得自己緊張兮兮，一刻不得放鬆。所以，應
該慢下來，不論在工作步調、休閒與生活方式等，都需要調

整。

　　但「想要放鬆」與「真正放鬆」，仍有極大的差距。生活或工作充滿壓力，若未做到努力不懈（也就是不敢休息），就會在競爭激烈的社會被淘汰。所以，大多數人無法以「慢活」方式，真正「活在當下」。

第一節　靜坐與冥想的意義

　　如何使心思沉靜下來，不再心神不寧或持續緊張？靜坐冥想是效果較好的方法之一。

壹、靜坐與冥想的關聯

　　「靜坐」的英文meditation源於拉丁文meditari，意指「沉思之方法」，也譯為「冥想」，所以**靜坐也是一種改變意識狀態的方法**，靜坐冥想可分為兩種（王美華譯，2002，290-294）：

1. 集中式冥想（concentrative meditation）：藉著盡量縮小注意焦點，停止或減緩狂亂的思考。將注意力集中在某個物體或體驗上，如呼吸、祈禱文。當任何刺激一再重複到足夠的狀態時，大腦會開始適

應，消除我們思想中的壓力成分，回到內心的寧靜。

2. 開放式冥想（opening-up meditation）：又稱深切注意（mindfulness），提升對思想與行動的覺察，強化體驗與活在當下。這種冥想是培養一種雙重意識，以一種層次的意識觀察另一種層次的意識，類似後設認知（meta-cognition）。也就是擴大「當你做某件事時」，對自己行為的察覺，知道自己正在做什麼以及為什麼這麼做。覺察到對所做的事感到緊張，就能在造成損失之前改變行為，避免不必要的壓力。

壓力研究

Herbert Benson 醫師在 1981 年與達賴喇嘛合作，展開「靜坐的內在控制作用和信心效應」研究，至今發表 170 篇科學研究文章及十本著作（平郁譯，2010）。他提出著名的「放鬆反應」（The Relaxation Response），步驟如下（Bohn, 2009）：

1. 選擇靜坐時注意的焦點〔Benson 建議的是「one」（一）這個字〕。

2. 舒適的坐著。

3. 閉上眼睛。

4. 盡量放鬆全身肌肉，嘗試先從腳部開始，然後由下而上，一
   直放鬆到頭部。

5. 注意呼吸，觀察自己的吸氣與呼氣。呼氣時心中默念「一」
   （one），或其他自己選定的聲音。

6. 繼續進行十至二十分鐘（可睜開眼睛看看時間到了沒有），
   停止後閉著眼睛休息一分鐘。

7. 若一時不能達到深度放鬆，不必著急。只要持續放鬆，再重
   複默念「一」或選定的聲音即可。

8. 每天練習一或兩次，清晨或黃昏是最佳時機，不要在吃飽飯
   後靜坐。

　　據美國廣播公司報導（葉心怡編譯，2008），美國班森—
亨利身心醫學研究院（Benson-Henry Institute Mind/Body
Medicine）和貝絲伊斯雷爾女執事醫療中心（Beth Israel
Deaconess Medical Center）共同組成的研究團隊，對 19
位長期練習靜坐、瑜伽、祈禱等冥想活動的人（靜坐冥想組）
和 19 位完全不從事此類活動的身心健康者（控制組），各抽取
血液樣本進行基因分析。

　　結果發現：靜坐冥想組抑制壓力基因（stress-related
genes）的數量約一千個，為控制組的兩倍。如果這些與壓力

相關的基因表現（gene expression）愈強烈，人體出現的壓力反應症狀就愈大，如血壓升高或發炎；長期下來，壓力反應會使高血壓、疼痛和其他相關症狀惡化。

另外，研究人員對控制組（非靜坐冥想組）進行八週、每天十分鐘的靜坐冥想訓練，之後發現：短期的靜坐冥想訓練，也可產生抑制壓力基因表現的效果，只是程度上低於長期靜坐冥想組。

領導這項研究的班森─亨利身心醫學研究院榮譽院長 Herbert Benson 醫生表示，壓力控制著「壓力基因」的開啟或關閉，從事靜坐冥想活動、啟動舒緩反應時，壓力基因就會轉變。他說：「過去我們一直認為心靈不能影響身體，事實上，這項研究打破了這個非常古老的原則。」

楊定一（2008）認為，快速的生活步調，容易使人處於緊張或不安的狀態，並使「交感神經系統」過度作用，以致心跳加速、血壓升高、肌肉緊繃、呼吸急促。「副交感神經系統」的作用剛好相反，呈現的是減少能量消耗、心跳減慢、血壓下降。**生活上的緊繃影響這應有的平衡，靜坐則能幫助提升「副交感神經系統」**，呼吸和心跳會自然變慢，身體各部位的基本頻率會連貫且同步。

靜坐可使身體獲得休息，減緩因生活壓力帶來的焦慮。冥想可以阻絕胡思亂想或憂心，避免壓力累積。緊繃就是壓力的

來源，我們不能寄望沒有壓力或充分鬆弛，所以「一鬆一緊」的調節，就是壓力管理。冥想扮演著短時間放鬆的角色，卻可達到較長時間休息的功效。

放鬆大腦即可防止壓力，一天之內我們需要幾次短暫的冥想，集中思想在某個字眼上，如：「平靜」；冥想 15 分鐘，就可使人「停止思考」（其實是停止焦慮）15 分鐘。**靜坐冥想之後，壓力造成的頭痛會消失、思路更清晰、呼吸減緩、血壓下降、肌肉放鬆、焦慮減輕。**

人體腦波的活動有五類（李毓昭、蕭志強譯，1998：109-112）：

1. r 波：周波數為 30 赫茲（Hz）以上，在不安或興奮時發射。

2. β 波：周波數為 14 至 30 赫茲，在興奮或受到壓力時發射。

3. α 波：周波數為 7 至 13 赫茲，在放鬆或悠閒自在、產生創意時發射，能建構「通往成功的良好身心狀態」。

4. θ 波：周波數為 4 至 7 赫茲，在睡眠或冥想時發射，有助於發揮強大的腦力，但須以「α 波支配」為前提。

5. δ 波：周波數為 0.5 至 4 赫茲，昏睡時發射。

進入冥想狀態時，幾乎都會產生α波。「α波支配」狀態是指維持α波，使身心得以鬆弛，點子源源不絕，能活潑愉快的從事各種工作或活動，心理疾病也能得到控制。

貳、靜坐時的呼吸

靜坐冥想要配合腹部呼吸，方法是（何華丹，2006a：138-139）：

> 想像腹腔裝了一個氣球，開始做深長緩慢的吸氣時，想像腹中氣球慢慢充滿空氣，而使腹部向外膨脹，吸盡氣後閉氣（心裡數兩下），再把氣慢慢呼出，腹部往內收。呼盡氣後閉氣（心裡數兩下），再把氣慢慢吸進。不要太快太急，以免換氣過度而出現暈眩與頭痛。可躺在床上練習，放一個稍有重量的枕頭在腹部，吸氣時腹部膨脹將枕頭頂起，呼氣時腹部收縮使枕頭下沉。

李俊德醫師（無日期）認為，腹式呼吸法的好處為：

1. 增加腹壓、按摩內臟，使腹腔血液流暢分布，加強體內毒素的排除。

2. 使自律神經的交感神經（負責興奮功能）活動慢慢被壓抑，副交感神經的功能（放鬆作用）逐漸加

強，有放鬆身心的良好作用。

3. 持續練習可治療疲勞、免疫力失調、腰痠背痛，對於便祕、大腸激躁症、高血壓、心血管疾病、消化性潰瘍、壓力性頭痛等身心症的治療，皆有很大的幫助。

如何做「腹式呼吸」？

1. 身體躺平或坐或站皆可，盡量保持放鬆。雙手輕輕放在腹部，感受腹部起伏。

2. 吸氣時腹部凸起（吸氣時腰際同時用力），吐氣時腹部自然凹下。

3. 呼吸時，胸部肌肉放輕鬆，肩膀不要上下晃動，注意力放在感受呼吸。

4. 恰當的呼吸次數是每分鐘四（指吸氣四次、呼氣四次）到六次，呼吸一次共約十到十五秒。吸氣或呼氣要和緩順暢，不要太用力。較好的情況是，呼氣約為吸氣的兩倍時間（呼氣比吸氣速度慢）。

5. 呼吸時，吸得愈大口、愈深愈好，用鼻子或嘴巴都可。

6. 早上起床後十分鐘及晚上睡前十分鐘練習最好，可慢慢延長時間，以不超過一小時為限。

　　吸氣時全身用力，肺部及腹部會充滿空氣而鼓起，但還不能停止，仍要使盡力氣持續吸氣。然後屏住氣息四秒，此時身體會感到緊張，接著利用八秒的時間緩緩將氣吐出，吐氣宜慢且長，而且不要中斷。

　　靜坐最基本的方法是「數息」或「觀息」，「數息」是指數自己的呼吸，一呼一吸即為「一息」。先將氣息調整成細長深緩後開始「數息」，如果中間思緒混亂或心有雜念，就再調息重新開始。「觀息」則是觀察自己的呼吸，藉此幫助我們專注並讓心沉靜下來。楊定一（2010）說：「正確的呼吸方式應該是用腹部來呼吸，且吐氣時間要比吸氣時間長。」楊定一極力推薦兩位醫學博士 Richard P. Brown 與 Patricia L. Gerbarg 所著《呼吸的自癒力》一書，當中說（陳夢怡譯，2015：24）：

　　　　愈來愈多的研究指出，只要改變呼吸模式，我們可以讓壓力反應系統恢復平衡，使喋喋不休的頭腦思緒安靜下來，還能紓解焦慮和創傷後壓力症候群的症狀，強化身體健康和耐力，提升臨場表現，改善親密關係。

　　書中介紹三種主要的呼吸方式，且附「有聲書教材」（70分鐘），可隨之練習，十分方便簡易。如：

1. 諧振式呼吸：每分鐘五次的呼吸。

2. 阻抗式呼吸：又稱海洋呼吸，是指在吸氣及吐氣時，略
   略收緊咽喉後上方肌肉，發出柔和的聲音，就像在貝殼
   裡聽到的浪潮聲一樣。呼吸的速度，跟隨諧振式呼吸的
   節奏。

3. 呼吸導引：運用想像力，配合呼吸，將覺察力帶到身體
   各處。

Richard P. Brown 與 Patricia L. Gerbarg 兩位醫學博士建議
（陳夢怡譯，2015：35）：

> 面對壓力，為培養復原力，我們會由腹式呼吸諧
> 振式呼吸開始，以此活化神經系統的自癒力和復原
> 力，化解身心的防衛和耗能狀態，讓壓力反應系統向
> 更健康的平衡狀態移動。

參、靜坐的方法

一、專注式靜坐

意識集中在眼前的一個目的物，排除環境中一切外來刺激
的干擾，藉以達到暫時忘卻自我、煩惱及外在世界的超脫境
界。作為專注之目的物，可以是一個花瓶、一炷香，也可以是
牆上的掛鐘。靜坐時對目的物的專注，並非仔細觀察分析目的
物的特徵，而是以專注目的物為手段，使自己的意識不受環境

其他刺激的干擾。因此，專注目的物之性質不宜複雜，也不能太新奇。專注物不一定是具體的物體，也可以是重複的單字、聲音或一個抽象的圖形。專注目的物之功用，在於不使人分心。

二、開放式靜坐

　　心裡不做任何期待，完全以一種純然空無的心態，迎接任何進入心靈的新經驗。靜坐時絕不將生活中任何煩心的現實問題帶入，只需完全放鬆，讓身體和心靈自由運作、隨遇而安。如此，身心方面即可獲得靜息。

　　初學者從 5 分鐘開始，慢慢增加到 30 分鐘。可先靜坐 5 分鐘，調整身心後，再靜坐第二次的 5 分鐘，然後第三次。還想靜坐時，就再增加時間。進階者慢慢由 30 分鐘增加到 50 分鐘，最好每天靜坐兩次。先靜坐 30 分鐘，調整一下身心，不要起身接著再次靜坐，此時不必限制時間，靜坐到想停止即止。如此持續練習，就能增加靜坐的時間。學習靜坐要有恆心，抱持積極的態度，並以喜悅之心待之。

第二節　肌肉與心情的放鬆

　　長期壓力會抑制免疫系統，靜坐及放鬆可消除因壓力而分泌之危險物質。

壹、避免肌肉緊張

如何落實「盡量放鬆全身肌肉」？具體技巧如下（黃明正、高雯玲譯，1993：153-166）：

繃緊再放鬆，眼睛、嘴巴、頸部、手臂、軀幹、腿部都要放鬆。以眼睛、嘴巴為例：

1. 眼睛：先閉上眼睛，盡可能緊閉，一邊拉緊肌肉，一邊慢慢默數一千、兩千、三千……至一萬，然後放鬆眼部肌肉，慢慢睜開眼睛。深吸一口氣後憋住，再由嘴巴慢慢吐氣，然後重複「閉上眼睛」及接續的動作。

2. 嘴巴：扮鬼臉、露出牙齒，將嘴巴附近的肌肉和頸部前面繃緊，下巴向上。一邊拉緊肌肉，一邊慢慢默數一千、兩千、三千……至一萬，然後放鬆嘴巴、下巴及頸部肌肉。深吸一口氣後憋住，再由嘴巴慢慢吐氣，然後重複上述動作。

深度的肌肉放鬆，是先繃緊一組肌肉群七秒，再放鬆20至30秒。先繃緊，才能使肌肉群更徹底的放鬆。透過「放鬆技巧」可改善自律神經失調，避免累積不必要的壓力。並以新視野體會壓力，從中尋找新樂趣，賦予新意義。

肌肉鬆弛運動固然很好，但更好的是在肌肉緊張的累積之前，就能檢查出來。檢查的方法摘要如下（溫淑真譯，1987：

28-32）：

　　穿著舒適，仰臥在柔軟的墊子上，雙腳自然分開幾吋，兩手放在兩側，專注在呼吸上。從頭部及臉部開始，想像力遍及整個頭部的前前後後，吸氣時檢查這個部位的肌肉哪裡緊張，呼氣時把肌肉放鬆，體會那種肌肉愈來愈鬆弛的感覺。按照「吸氣→呼氣→愈來愈放鬆→愈來愈舒服」的順序，接著檢查頸部、肩膀、手臂，再來是背部到臀部，最後是大腿和小腿。

　　這種檢查可提高對壓力的敏感度，全面降低壓力的層次，使問題在擴大至不可收拾之前，先加以控制。醫學的「生理回饋療法」，是利用電子儀器將人體生理現象（如心跳、體溫、肌肉鬆緊程度等），以視覺或聽覺的方式呈現，使患者了解自己的身體症狀和情緒（如緊張、焦慮、害怕等）之間的關係。再由治療師協助，教導患者如何放鬆，學習評估引發症狀的情境，避免或調適壓力情境。以及改變生活習慣，增加患者對自己內在情緒狀態的敏感度。

　　現實生活中，我們無法完全依靠生理回饋儀器來體驗放鬆的感覺。所以必須透過不斷的練習，增加對身體的覺察，推論目前的情緒狀態；再透過放鬆技巧，讓身體症狀減輕來降低壓力。

貳、心情的放鬆

　　肌肉放鬆有系列步驟可循，心情的放鬆則與個人的生活情趣、休閒活動，以及其他釋放緊張的身心活動有關。心情的放鬆也需天天練習，才能養成放鬆的習慣。

一、生活情趣

1. 簡化及布置生活與工作環境：懂得取捨即能減輕壓力，透過大掃除（尤其是床底及不常清理的櫃子）以消除雜物，使環境更簡單及清爽。進一步可改變傢俱的擺設，換個新窗簾，插一盆花或放幾個大小盆栽，布置出讓心情安定、放鬆的生活與工作環境。

2. 增加用餐情趣：提早起床，悠閒的吃頓早餐。與親友來個午餐約會，或相約喝個下午茶。不論在家或出外，構思富於營養及溫情的家人晚餐。

3. 散步：常常與家人、好友到公園散步、談心，若能成為生活習慣更佳。

4. 泡澡：好好泡個澡讓身心放鬆，加入精油或玫瑰花瓣更好。

5. 嘗試新事物：如編織毛衣、做小點心、學習新技藝等，讓思想與生活產生變化與期盼。

6. 改善穿著：黯淡或不合適的穿著，會影響自信甚至形成

壓力。可多觀察別人，或大膽創造屬於自己的形象魅力，但不要固執於追求外表的完美。

二、休閒活動

1. **安排度假**：常常到鄉下、山上等大自然環境放鬆與舒展身心，或每年安排國內外旅遊。較長時間的自助旅行、登山健行，也很不錯。

2. **興趣與嗜好**：如唱歌、樂器演奏、釣魚、養魚、種花、插花、養寵物等，將休閒、嗜好融入日常生活且更深入的學習。

3. **與好友相聚**：聯絡多年不見的老友，定期與老友或志同道合者（社團）聚會。

三、釋放緊繃的身心

1. **懂得拒絕**：向過度的付出說「不」。

2. **別在意他人評價**：將他人評價當作「參考」，而非「魔咒」。

3. **多走路**：搭公車或捷運，提早兩站下車，走路上學、上班或回家。

4. **盡力就好**：無論完成的工作有多渺小，都必須給自己一個讚美。

5. **增加成功經驗**：設定簡單目標，從小小的成功開始，體

會成功的滋味。但不要過於熱中一個目標，應多設幾個
目標。

6. **避開壓力源**：如人際相處時，不和無理取鬧者做無謂的
糾纏。

7. **正向**：平常談話以積極字眼代替消極字眼，多結交積極
樂觀的人，多看勵志書籍或電影。

8. **放下**：不盲目追逐社會標準的成就，給自己一個隨時可
以辭職的念頭。

9. **付出**：多參與公益活動，擔任志工，為其他更苦難的人
奉獻自己。

依此類推，不僅僅是「被動」適應壓力，更可以「主動」
創造生活樂趣。儲存足夠正面能量，以應付壓力的「要求」。

自我練習　壓力再大我不怕

放鬆是一件「知易行難」的事，不是一句「別緊張」、
「放輕鬆」就做得到。持續緊張的生活，導致肌肉與精神不
由自主的緊繃。若緊繃的情緒已造成身心疾病，該怎麼辦？

心靈工坊（大慧集編輯部，2006）邀請精神科醫師王浩
威及臺北大學社會工作學系副教授楊蓓暢談「情緒、壓力與
轉化」。楊蓓指出，欠缺自我管理能力，壓力即不自覺地增

加。奔赴成功的同時，也讓身心超出負荷。楊蓓說，對於身心不能夠覺知，就難以察知自己的需求。靜坐是自我覺察的最好方法，藉由靜坐，確能探觸內在深層的心理痼疾。

王浩威指出，透過「生理回饋」，能夠了解壓力在身心層面所造成的影響。但有些人只要稍一放鬆就有恐懼感……他們在職場上位居要津、呼風喚雨，生活中塞滿了工作以及對屬下的頤指氣使，一旦有機會放鬆身心，反而無所適從。

王浩威通常建議這樣的人參加「禪七」等活動，試著體會某種「放」和全然交託的感覺，藉著暴露於不可知的情境讓自己成長。王浩威傳授身心放鬆的小技巧：以每個人的大拇指作為觀想標的，想像它發熱、發麻……並以此為切入點，漸次感覺及放鬆身體其他部位。

趁著自己還沒有過於情緒緊繃時，趕緊學習放鬆之道。懶散固然不好，但太過緊張更糟。若壓力過大，總覺得擔心焦慮，甚至睡不好、吃不下、頭痛、肌肉痠痛時，身心放鬆才是治本之道。只有自我坦承及自知之明，才能發展出屬於自己、有效的放鬆技巧。

1. 練習靜坐一、兩週，看看效果如何？

2. 練習肌肉放鬆一、兩週，看看效果如何？

3. 設定幾項可讓心情放鬆的方法，如：養魚、看勵志電影、改變個人造型等，看看效果如何？

附錄　肌肉鬆弛訓練

　　肌肉鬆弛訓練可應用到許多不同情境，以消除或降低緊張焦慮。心因性的身體症狀，如：頭痛、潰瘍、麻疹等，對失眠、疲倦、抑鬱、考試緊張也有相當的效果。

　　肌肉鬆弛訓練時，坐在舒適的椅子上，要安靜，光線柔和。可以除去手錶、眼鏡、外套等任何可能感到不舒服的東西。輔導人員的指導語或練習者的自我內言如下：

　　肌肉鬆弛訓練可經過練習而進步，剛開始需要 20 到 30 分鐘，熟練之後大約 15 分鐘就夠了。主要原理是在肌肉緊張後完全放鬆，而導致心理的鬆弛。步驟是先把某一部分的肌肉緊張起來，1 秒、2 秒、3 秒、4 秒，愈來愈拉緊這部分肌肉，然後「放鬆」，1 秒、2 秒、3 秒、4 秒，愈來愈放鬆這部分肌肉。

　　共有 16 步驟，每一步驟均做兩次。

1. 呼吸練習：放鬆坐好，深深吸氣，1 秒、2 秒、3 秒、4 秒，吐氣，1 秒、2 秒、3 秒、4 秒。把氣完全吐出。

2. 雙手握拳：雙手平伸、握拳，1 秒、2 秒、3 秒、4 秒，拳頭愈握愈緊，然後「放鬆」，1 秒、2 秒、3 秒、4 秒，雙臂下垂，感受鬆弛時肌肉一陣暖流通過。

3. 雙手平伸：雙手平伸，手掌心向前推，想像面前有座牆把

它推倒。1 秒、2 秒、3 秒、4 秒，努力平伸雙手，向前推掌。然後「放鬆」，1 秒、2 秒、3 秒、4 秒，雙手下垂感受鬆弛。

4. 雙臂彎曲：雙臂彎曲，挾緊兩脅。1 秒、2 秒、3 秒、4秒，努力夾緊雙臂。然後「放鬆」，1 秒、2 秒、3 秒、4秒，雙臂自由下垂感受鬆弛。

5. 雙臂上舉：雙臂上舉，掌心向上推，想像天花板落下，要努力撐住。1 秒、2 秒、3 秒、4 秒，努力上舉雙臂，掌心向上推。然後「放鬆」，1 秒、2 秒、3 秒、4 秒，雙臂下垂感受鬆弛。

6. 前額：抬起眉毛，使前額起皺紋。1 秒、2 秒、3 秒、4秒，努力抬起眉毛。然後「放鬆」，1 秒、2 秒、3 秒、4秒，放鬆前額與眉毛肌肉。

7. 眼睛：閉上眼睛，1 秒、2 秒、3 秒、4 秒，眼睛愈閉愈緊。然後「放鬆」，1 秒、2 秒、3 秒、4 秒，不要睜開眼睛，只去感受鬆弛。

8. 面頰、嘴唇與下巴：把嘴角向兩邊拉開，牽動下巴與面頰的肌肉。1 秒、2 秒、3 秒、4 秒，用力把嘴角向兩邊拉開。然後「放鬆」，1 秒、2 秒、3 秒、4 秒，放鬆下巴、口部微張感受鬆弛。

9. 牙齒：咬緊牙齒，1 秒、2 秒、3 秒、4 秒，用力咬緊牙齒，到最後完全咬緊。然後「放鬆」，1 秒、2 秒、3 秒、

4秒，放鬆牙床，活動上下顎感受鬆弛。

10. 肩部：把雙肩聳起，1秒、2秒、3秒、4秒，用力聳起雙肩，把頭用力縮進來，愈縮愈用力。然後「放鬆」，1秒、2秒、3秒、4秒，完全放鬆雙肩，自由擺動頭部感受鬆弛。

11. 背部：(1)彎背：雙手在腹部前交叉，把背部拱起。1秒、2秒、3秒、4秒，用力拱背。然後「放鬆」，1秒、2秒、3秒、4秒，雙手自然下垂，活動雙肩感受鬆弛。(2)挺胸：雙臂向後，把胸部挺出。1秒、2秒、3秒、4秒，用力把胸部向外挺出。然後「放鬆」，1秒、2秒、3秒、4秒，雙臂下垂，活動雙肩感受鬆弛。

12. 胃部：雙手捧住胃部，1秒、2秒、3秒、4秒，用力吸氣，並收縮胃部。然後「放鬆」，1秒、2秒、3秒、4秒，放鬆胃部肌肉並感受鬆弛。

13. 腿部：(1)向上彎曲：坐妥，雙腳向前平伸。1秒、2秒、3秒、4秒，腳趾與腳背努力向自己頭部方向彎曲。然後「放鬆」，1秒、2秒、3秒、4秒，把雙腳放平，擺動雙腳感受鬆弛。(2)向下平壓：坐妥，雙腳向前平伸。1秒、2秒、3秒、4秒，腳趾與腳背努力向地面平壓。然後「放鬆」，1秒、2秒、3秒、4秒，把雙腳放平，自然擺動雙腳感受鬆弛。

14. 腳部：(1)收縮腳趾：坐妥，脫掉鞋襪，兩腳腳跟著地。1

秒、2 秒、3 秒、4 秒，努力收縮腳趾。然後「放鬆」，1
秒、2 秒、3 秒、4 秒，腳部平放地面，自由活動腳趾感
受鬆弛。(2)張開腳趾：坐妥，脫掉鞋襪，腳跟著地、腳
面抬起。1 秒、2 秒、3 秒、4 秒，努力張開腳趾。然後
「放鬆」，1 秒、2 秒、3 秒、4 秒，雙腳平放地面，活動
腳趾感受鬆弛。

15. 輕鬆行走：自座位上站起來，在室內輕鬆行走三十秒到一
    分鐘，再回來坐下。

16. 全身放鬆：閉上眼睛，1 秒、2 秒、3 秒、4 秒，完全放鬆
    自己。現在覺得非常舒服，非常輕鬆，把自己完全放鬆下
    來，1 秒、2 秒、3 秒、4 秒。享受這種放鬆的感覺。

CHAPTER **6**

讓睡眠及運動 「好上加好」

壓力事件簿

　　現代社會從兒童到成人都因壓力而普遍睡眠不佳，睡眠心理師盧世偉（2010）認為，欠睡眠債就像欠錢，不還清不會憑空消失。睡眠債對身體及心理的影響很大，如：黑眼圈、皮膚老化、變胖、嗜睡、疲勞、注意力及記憶力減退、情緒低潮、易怒、免疫力降低、容易生病及出錯、發生交通意外等。

　　睡眠債不如想像中容易償還，「補眠」的效果遠不如預期。一般人還睡眠債的方法是趁著週末補眠到中午，但一次睡太久反易頭昏腦脹，使生理時鐘後移，導致入睡困難而失眠。

　　正確的還債方式應是：逐週增加半小時睡眠時間，而且是提早上床；還要學習身心放鬆，如腹式呼吸等，降低相關系統的活躍度。同時改掉睡眠的壞習慣，如：熬夜、晚睡、晚上喝咖啡或茶、沒時間運動等。

　　看到上述報導，你的感想是什麼？是否覺得「小題大做」？「睡不好」應該是現代人的正常現象吧！誰不熬夜？誰能早睡早起？反正補眠後又是一條活龍！

　　真是如此嗎？真相卻是：該正視自己睡眠品質不佳的問題了！總是睡不飽，體力及腦力變差，心情也不開朗。因為

睡不夠,變得沒有鬥志。現在開始償還睡眠債吧!試著減少晚上的活動,早點上床睡覺,睡足七小時,晚上不喝咖啡,睡前不看電視或滑手機,有足夠的運動……。

第一節　應受重視的睡眠問題

現代社會的快速變遷及激烈競爭,使得上班族或學生的工作或學業壓力變大,加上電腦、電視等電子設施使用時間過長,因而縮減睡眠時間、影響睡眠品質,致生活作息紊亂,睡眠問題持續增多。

壹、睡眠問題

何謂睡眠問題?包括(何華丹,2006a:144):

1. 過度睡眠:睡眠時間延長。
2. 失眠:不易入睡或無法久睡。
3. 昏睡:突然進入睡眠狀態。
4. 睡眠規律逆轉:白天睡覺,晚上清醒。
5. 睡眠剝奪:剝奪睡眠達 36 小時以上,會引起幻覺。

1970 年代,睡眠呼吸中止症(sleep apnea syndrome)開始受到重視,胸腔科、喉科、口腔外科、心臟科、內分泌科相繼

踏入睡眠醫學的研究。1990 年代以後，睡眠醫學科技日益發展，我國的睡眠實驗室也逐漸增加，如：臺大醫院睡眠中心、林口長庚醫院精神科失眠特攻隊、長庚紀念醫院睡眠中心、彰化基督教醫院睡眠醫學中心、秀傳紀念醫院睡眠中心、新光吳火獅紀念醫院睡眠健診中心、萬芳醫院睡眠中心、光田綜合醫院睡眠中心、政治大學睡眠實驗室、中正大學心理學系睡眠實驗室等。

國際精神衛生和神經科學基金會於 2001 年發起「全球睡眠和健康」計畫，將**每年 3 月 21 日訂為「世界睡眠日」**，積極關注這個世界性的議題。

🐝 壓力研究 🐝

臺灣睡眠醫學學會於 2006 年針對全國 15 歲以上國人進行「國人睡眠品質調查報告」（吳淩溪，2007），根據臺灣各城市人口分布情形及性別比率，隨機抽樣共計 4,011 人，以電腦輔助的電話訪問，結果發現：超過四分之一受訪者有睡眠問題，慢性失眠者為 11.5%。

2009 年的調查發現（鄭喻心，2009），近六成受訪者出現失眠症狀，慢性失眠者達 21.8%，較 2006 年增加近一倍。罹患慢性病的慢性失眠比率更高，每四個慢性失眠者中，就有一人患有慢性疾病。

　　「2015 年國人睡眠大調查」結果顯示，**全臺慢性失眠症盛行率為 20.2%，和 2013 年的 19.3% 相較，失眠人口變化幅度不大**，慢性失眠比例約在五分之一左右，隨著年齡愈高其民眾失眠比例愈高。

　　臺灣睡眠醫學學會主辦「2016 年青少年睡眠大調查」結果顯示，全臺青少年慢性失眠症盛行率為 2.8%，有失眠經驗的人口則高達 24%，並有**將近一成五青少年受失眠問題而干擾到日常生活**。青少年學子在平日的睡眠總時數平均為 7.12 小時，到了假日則增加至 9.26 小時。而隨著就學階段往上，睡眠總時數跟著減少，當夜間睡眠總時數低於七小時便會有明顯的經常上課遲到（63.5%）和上課打瞌睡（75.5%）的問題出現。

　　學業成就表現較差的青少年，有較高比例的失眠經驗（34.9%）。有良好睡眠的青少年，相對地不常出現遲到及打瞌睡問題，其成績表現也較少落於班級後段三分之一。因此建議學界與政府在如何使青少年獲得足夠睡眠的議題上，值得未來更多的探討與延伸。

　　臺灣睡眠醫學學會表示，透過教導失眠者正確的睡眠概念、調整睡眠作息、教導放鬆技巧等方式，有上百篇的實證研究證實，此治療法具有療效。

貳、失眠的原因

　　署立雙和醫院精神科主任李信謙說明（鄭喻心，2009），失眠症狀有三種：**入睡困難（無法在 30 分鐘內入睡）、睡眠中斷（半夜醒來後不容易再睡）、清晨易醒（比預定時間早醒）**。任何一種發生頻率或用藥平均一星期三天以上，持續一個月即為慢性失眠。從調查發現，慢性失眠患者睡不著的壓力來源為：經濟壓力、工作壓力、家庭壓力和健康問題。

　　偶爾興奮過度或胡思亂想而失眠，會因事件的結束而恢復原有的好眠。但下述原因，即可能對睡眠品質造成難以逆轉的破壞。

一、生活作息紊亂與壓力狀態

　　對於失眠的原因及治療，臺北市立聯合醫院精神科醫師李政勳表示（吳涔溪，2007），失眠人口不斷增長，人類發明電燈可說是始作俑者。古人「日出而作，日入而息」，「作」與「息」是兩種維持警醒和放鬆的不同狀態，由頭腦的醒覺中樞控制，主要受光線影響。日夜顛倒的情況下，有些人緊張度較高，深夜 11、12 點精神還在緊張狀態，造成想睡而睡不著的失眠狀態。李政勳認為，容易失眠的人，通常比較看不開，入睡前腦子放鬆不了，不停地想著哪些事情還沒完成，計畫明天要做什麼。他建議，**先從調適生活作息著手，固定睡眠時間、放**

寬心胸；那麼，不需要靠藥物也可獲得改善。

上海同德堂中醫師胡乃文指出（吳涔溪，2007），古人多按照晝夜陰陽的規律而生活，**現代人日夜顛倒，陽盛的白天才入睡，陰盛的夜晚卻熬夜工作，長期下來必然睡眠品質不佳。**再加上工作壓力、緊張、害怕、煩躁的情緒，氣血不能調和的結果，容易傷到肝和心，自然無法安然入睡。

睡眠除了具有讓身體獲得休息的重要功能，白天獲得的資訊，通常利用睡眠階段進行整理、消化、吸收及儲存。睡眠同時還具有改善免疫力、預防疾病、修復身體機能的作用。胡乃文醫師提倡生活應單純，食物單純，心裡想的事情單純，做事單純，所謂「簡約主義」，自然就會睡得好。胡醫師建議，何妨試試日漸受到重視的「打坐」，讓腦袋思緒重新歸零。這樣不僅可好好睡上一覺，同時，腦波中的α波會增強，免疫細胞及分泌激素也會跟著多分泌一些。

二、睡眠自然節奏的破壞

睡眠本是一個自然的節奏，典型的睡眠週期（sleep cycle）是在深度睡眠與入夢睡眠之間循環，兩者對健康的維持都不可或缺。達到δ波動的深度睡眠時，身體細胞消耗能量的速度減慢、血管擴大，讓血液排除使肌肉組織疲勞並導致一般性緊張的代謝物。而入夢睡眠不只因為生理上的恢復，更及於心理健康及知覺功能的恢復。α波是閉目養神或做白日夢的狀態，是

身心放鬆的初步階段。θ波是身心的深度放鬆，也是進入深睡前的腦波。δ波是進入深度睡眠的狀態，也是頭腦深度休息、復原及更新的階段，此時沒有夢，每晚睡覺都需要進入這個階段（王美華譯，2002：182-183）。

褪黑激素（melatonin）是腦部「松果體」（pineal gland）分泌的一種激素，就像身體的內在時鐘，開始入睡前自然分泌，半夜達到高峰。早晨醒來之前，褪黑激素的濃度便開始下降，到了完全結束，人就會醒來。只要睡眠時間正常，身體的內在時鐘就會正常。褪黑激素會因年紀漸長或睡眠時間不規律，而逐漸減少分泌或分泌的時間錯亂。45歲以後分泌大幅下降，到老年時晝夜節律漸趨平緩，褪黑激素甚至消失，因此老人家的睡眠通常較短也睡不好。

研究認為（啟新健康世界雜誌，2008），褪黑激素在睡眠／清醒週期的控制，扮演著重要的角色。根據所接受光量的多少決定分泌量，主宰人體生物時鐘的運作。松果體主要在夜間分泌褪黑激素，白天下降，晚上入睡時，血液中的濃度為白天的十倍，所以有「睡眠荷爾蒙」、「夜的荷爾蒙」、「黑暗荷爾蒙」之稱。現代人在人造燈光下，身處黑暗的時間減至八小時以下。即使是微弱的燈光，褪黑激素的產生都會受到一定程度的影響。

政大睡眠實驗室主任楊建銘教授指出（詹建富，2010），很多上班族或學生，因工作或考試而熬夜，想等週末放假再好

好補眠。但長期累積的「睡眠債」，不是一週少睡七小時，再集中一天內多睡七小時可以補救。楊教授說，**集中在假日補眠，會造成生理時鐘延遲，該上床睡覺的時候卻難以入眠**。週一該上班、上學時卻睡意濃濃，反而得不償失。**睡眠時間不規律，會種下日後慢性失眠的後果**。因此臺北市衛生局與政大睡眠實驗室合作開辦「好眠團體課程」，幫助民眾改善睡眠品質。課程中教導民眾填寫睡眠日誌，用科學化方式分析影響睡眠的原因；透過睡眠觀念的改變、生理時鐘的調整及學習放鬆技巧等，改善睡眠狀況。

三、腎上腺皮質醇濃度過高

與褪黑激素作用相反的是腎上腺皮質醇，Shawn Talbott 在所著《輕鬆擺脫壓力：揭開腎上腺皮質醇的奧秘》（陳芳智譯，2003：91-92）一書表示：正常狀況下，**腎上腺皮質醇的濃度在清晨六到八點達到高峰，讓一個人可以起床，準備面對一天的壓力。晚上八點左右睡覺，腎上腺皮質醇的濃度最低，該上床休息**。但現代人卻工作或活動到很晚，使體內的腎上腺皮質醇濃度，根本沒有足夠時間完全消散，因此身體沒有機會從慢性壓力的負面效應中復原。

正常的腎上腺皮質醇代謝如圖 6-1 所示：

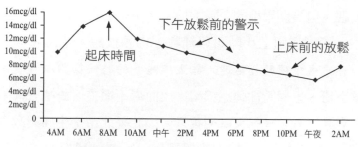

圖 6-1 正常的皮質醇濃度規律表

資料來源：陳芳智譯（2003：61）。

第二節　睡個好覺是門學問

　　睡眠是天生的本能，遭到人為因素破壞，要恢復正常就不容易。想要睡個好覺，方法如下：

壹、自我放鬆與催眠

　　失眠者在床上從事非睡覺的行為（如看電視等），容易延長躺在床上睡不著的時間，也會提高焦慮、亢奮的機會，造成失眠的惡性循環。睡前 0.5～1 小時可安排固定的放鬆時間，引導身體慢慢準備進入睡眠。將腹式呼吸法、肌肉放鬆法等放鬆訓練，編入睡前的固定活動，能縮短入睡時間，並增進睡眠品質。

　　如果睡不著，又開始擔心睡眠不足，就形成新的壓力。自我催眠可以改善失眠，其中「自我暗示」的語句如下（何華

丹，2006b：170）：

1. 我的眼睛漸漸感覺到疲勞，很疲勞，非常的疲勞。
   很快我就會閉上眼睛，進入深深的睡眠了。
2. 我的身體愈來愈放鬆。
3. 我感到全身的肌肉都放鬆了。
4. 我昏昏欲睡、昏昏欲睡、昏昏欲睡。
5. 當我內心默默從 50、49、48……倒數，我會逐漸進
   入深深的、更深、更深的放鬆。當倒數到 1 的時
   候，我會立刻進入舒適和寧靜的睡眠。
6. 我每天早上起來，都會感到精力充足、心情愉快。
7. 我每晚睡覺前清潔牙齒，同時也清理乾淨我的憂慮
   和緊張情緒。

貳、增加褪黑激素的分泌

從飲食、生活、運動，可促進褪黑激素的分泌（啟新健康
世界雜誌，2008）：

1. **以天然食品補充**：如番茄、洋蔥、黃瓜、櫻桃、香蕉、
   燕麥、米、玉米、牛奶、芝麻、南瓜子、杏仁果、黑核
   桃、薑、明日葉等。
2. **補充維生素**：甜椒、葵瓜子、香蕉等，也可口服維生

素。

3. **少吃或斷食**：褪黑激素也存在人體的腸胃系統，吃得少或斷食，可促進小腸產生褪黑激素。

4. **晒太陽**：晒太陽可提升白天與黑夜褪黑激素的差距，讓晚上較好入眠，也可幫助褪黑激素在夜晚的分泌增加。

5. **避開菸酒**：菸及酒精會破壞褪黑激素的自然循環與夜間分泌。

6. **關燈睡覺**：開燈睡覺會抑制人體褪黑激素的分泌。

7. **增加運動或活動量**：白天多做運動或增加活動量，可降低白天褪黑激素的分泌，晚上較好入睡，也可促進褪黑激素在夜晚的分泌。

8. **午睡片刻即可**：午睡太久會讓褪黑激素分泌升高，影響晚上睡眠，進而影響褪黑激素在夜晚的分泌。

9. **早點上床睡覺**：褪黑激素在深夜 11 時至凌晨分泌最為旺盛，所以晚上 10 點至 11 點，應該上床睡覺。

10. **避免熬夜**：夜班工作及挑燈夜戰的人，容易抑制褪黑激素的分泌。

11. **維持理想體重**：肥胖會使褪黑激素的分泌受到阻礙。

參、正確的睡眠方式

臺北醫學大學睡眠中心醫師群（2007）建議，睡眠時間以

能夠使次日覺得頭腦清晰、身體舒適為原則，不能睡太多，**賴床會使睡眠變淺及睡眠中斷**。應定時就寢及起床，即使假期或週末，也勿改變太大。其他有助睡眠的重點包括：

1. **早上按時起床**：即使沒睡飽、還很睏，每天維持固定時間起床（當然要早起），可加強身體生理時鐘週期的穩定，使你能按時入睡。規律的作息時間，對睡眠有很大的幫助；規律的睡眠型態，較能持久改善睡眠品質。

2. **找出自己最適量的睡眠時數**：七到九小時之間，找出自己最適量的睡眠時間，而且每晚都要睡得一樣多。若前一天睡得較長，會造成第二天難以入睡。長遠來看，寧願睡得少也不要貪睡。

3. **保持床鋪及四周環境的舒適**：臥室光線要恰到好處，盡可能去除噪音。理想的寢室溫度在攝氏 25 度左右，床褥、毛毯要舒適，穿著寬鬆舒服的就寢衣物，枕頭不宜太高。

4. **不要躺在床上勉強入睡**：上床後約 20 分鐘睡不著，必須離開臥室，從事一些寧靜而不費神的活動（但不要打電腦或看電視）。等焦慮感淡去或睏倦感上升時，再回臥室躺下，同樣的步驟可重複施行。

5. **不要在床上從事其他活動**：如滑手機、看書報、看電視等。

6. **睡前時段建立一套常規儀式**：如盥洗、卸妝保養、柔軟操、選擇性的聽音樂或閱讀等（最好別在床上閱讀，除非失眠以前就有這個習慣），來培養睡意。

7. **每天定量運動**：可以幫助睡眠，但太劇烈或刺激性的運動，則可能因筋骨痠痛而影響睡眠。

8. **避免菸酒咖啡**：長期抽菸會影響睡眠，尤其半夜醒來抽菸，難以再度入睡。喝酒雖然可以放鬆而較易入睡，但會使睡眠中斷。茶及咖啡則避免在睡前四到六小時飲用。

美國國家睡眠基金會推薦一些簡單的步驟，幫助大家每晚睡足八小時（陳芳智譯，2003：282）：

1. 上床和起床的時間固定，維持一個星期，即使週末也一樣（不管頭幾天有多困難，一定要堅持）。只要一個星期，生理時鐘就可以調整到新的時刻表了。

2. 上床前一個小時，做一些讓人平靜安寧的事，像看書、喝杯熱的洋甘菊茶、聽輕鬆的音樂。

3. 上床前三小時避免運動。運動會使荷爾蒙分泌增加、體溫上升，使人較警覺。

以國人來說，因為課業與工作壓力，通常都睡得太晚、太少。若一直沒有改善，就會愈來愈晚睡，假日也起得愈來愈

晚。內在生理時鐘遭到破壞，睡眠品質必然不佳，結果是嚴重損害身心健康（包括罹患憂鬱症、躁鬱症等）。

　　所以，要改善睡眠習慣，從學生時代開始就要早點上床、早點起床，假日不要睡太多，以免破壞睡眠規律。睡前不要吃消夜，以免因腸胃不適或頻尿，打亂了睡眠週期。晚上早點關電腦、電視及手機，試著提前 20 分鐘上床睡覺。實驗一、兩個星期後，試著再提前 20 分鐘，努力到能在 11 點前上床睡覺。

肆、助眠飲食

　　吃什麼能幫助睡眠？以下這些食物有助睡眠（朱姿樺，2009）：

1. **含色胺酸**：如牛奶、優酪乳、乳酪、五穀雜糧（小米、大豆、堅果類）、蛋、肉類、海藻、香蕉等。

2. **含維生素 B 群**：維生素 B 群豐富的食物，包括酵母、全麥製品、花生、胡桃、蔬菜等，尤其是綠葉蔬菜、牛奶、肝臟、牛肉、豬肉、蛋類等。

3. **富含鈣和鎂**：鈣質攝取不足的人，容易出現肌肉痠痛及失眠的問題。鈣和另一種礦物質鎂併用，即為天然的放鬆劑和鎮定劑。含鈣食物有牛奶、乳製品、小魚、蝦米、海藻類、芝麻等；富含鎂的食物為堅果類、海藻、黃綠色蔬菜。

美國纖維肌痛和慢性疲勞綜合症研究中心醫學研發部Jacob Teitelbaum 指出（李怡嬅，2009），**櫻桃含有褪黑激素，能有效幫助入眠及維持睡眠規律**。臺北醫學大學保健營養系教授劉珍芳研究發現，睡前吃兩顆奇異果，能提高睡眠品質，因為**奇異果所含的鈣、鎂及維他命 C，有助於神經傳導物質的合成與傳遞，能穩定情緒。小魚乾、熱牛奶也富含鈣，能鎮靜情緒、減輕焦慮，讓人較易入眠。此外，百合、蓮子都有清心安神、改善神經衰弱的作用，睡前喝一碗百合蓮子湯能對抗失眠。**（百合蓮子湯的做法是：將蓮子煮熟透後，加入百合或白木耳，起鍋前加入少許冰糖即可。）

壓力是失眠的重要原因，可嗅吸能紓壓的精油（如薰衣草）或精油按摩，喝花草茶（如薰衣草加蜂蜜）也可助眠。

第三節 運動可以減壓

運動與不運動的差異有多大？不僅顯現在外形，更在於腦力、心力與耐力。也就是說，喜歡運動的人會更「強壯」，對自己更有信心。

壹、運動的妙用

運動不僅對睡眠有幫助，也能改善情緒，使人從引發焦慮的思想中抽離出來。**運動就像沉思、冥想，能使人產生意識狀**

態的改變。也就是說，運動能阻斷胡思亂想或壓力的累積。大量流汗後苦盡甘來的輕快，到戶外看到青山綠水的開闊，都有助於放下煩擾，使人有動力重新出發。

專攻運動醫學、健康管理的美國學者 Shawn Talbott 說（陳芳智譯，2003：283）：

> 和充分的睡眠一樣，適當的運動也是另一項絕對應該做到的事。……高壓力／睡眠不足／沒運動是一種惡性循環，只要打破這種循環，即使只是每週幾次，做一點少量的運動，都可以帶來極大的好處。……散個步或是出門上班前做幾回仰臥起坐，就可以讓腎上腺皮質醇濃度恢復正常。

董氏基金會於 2012 年出版《大腦喜歡你運動——台灣第一本運動提升 EQ、IQ、HQ 的生活實踐版》（大家健康雜誌出版）一書，從運動的原理，揭示運動不只能訓練肌肉，還能增進智力商數（IQ）、情緒管理商數（EQ）以及健康商數（HQ）。

運動會產生與情緒有關的三種激素。第一個是多巴胺，它能讓心情愉悅並產生幸福感；第二個是正腎上腺素，能夠提升注意力、警覺心，當緊急需要應變時，能夠產生很大能量來面對突發狀況；第三個是血清素，是抗憂鬱劑的成分之一，能提升記憶、學習，讓人感到快樂。

《大腦喜歡你運動——台灣第一本運動提升 EQ、IQ、HQ 的生活實踐版》也訪問了多位專家學者，分享運動抗壓的心得，及如何透過運動而改變自己。

貳、找到自己能持之以恆的運動

國內青年學子的運動現況與睡眠都處於「被剝奪」狀態，也就是嚴重缺乏。 有識之士不禁慨嘆，我國的教育哪來五育均衡？除了學校的體育課正常化之外，父母師長也應以身作則，從事一、兩項適合自己且能持之以恆的運動，才能引導與陪伴年輕學子找到適合自己、能天天從事的運動。

運動不足與睡眠不足，是現代人的通病。而且，運動不足的後遺症不亞於睡眠不足，可惜大多數人，尤其是年輕人，總是不到火燒眉毛——健康出問題，不會想到運動的重要。如果現在沒病沒痛，卻有運動的習慣，是有大智慧與大福報。如果能「即知即行」，現在開始督促自己培養運動的習慣，仍是明智之舉。**生病了再來運動，還來得及嗎？**

大學階段以上的成年人，若未養成良好的運動習慣，就要趕緊自我砥礪、自我負責，趁著還來得及，找到合適的運動項目與方式。梅門李鳳山師父（2005）提倡的「平甩功」，是簡易好學的運動入門。能讓氣血到達四肢末梢，排出不潔之氣。基於十指連心的道理，氣血會回流循環到五臟六腑，使全身氣脈暢通，筋骨鬆開。

平甩功寧慢不要快，全身放鬆，手自然擺動；雖說是放鬆，又鬆中有動，而非完全靜止；動中又有鬆，也非用力，呼吸自然就好。剛開始練習可能會出現「痠、痛、麻、癢、脹」五種排毒效應，「痠」、「痛」是因為長期過勞或緊張；「麻」是在打通過程中遇到原本有阻礙的地方；「癢」是因為氣到了，表示功有練進去了；「脹」通常出現在身體的末梢，表示回流不夠好。只要持恆的平甩，這五種感覺就可以改善。動作說明：

1. 雙腳與肩同寬，平行站立。
2. 雙手舉至胸前，與地面平行，掌心朝下。
3. 兩手前後自然甩動，保持輕鬆，不要刻意用力。
4. 甩到第五下時，微微屈膝一蹲，輕鬆的彈兩下。

平甩的屈膝動作，非刻意的負重與用力，要保持輕鬆。**長期鍛鍊之後，膝蓋會更靈活有勁、不老化，甚至退化的關節也會活化開來。**每甩第五下蹲一蹲，鬆中帶沉，一沉到底，讓人不會心浮氣躁，也不會因為不斷地動而變得身體緊張。

能夠每天持續，在睡眠前後練20分鐘到半個小時，會有意想不到的效果。每回至少甩十分鐘，一日甩三回。若能一次持續甩30分鐘，效果更好。第一個十分鐘可以達到渾身的循環，第二個十分鐘開始進入身體過勞之處，第三個十分鐘開始調整病灶，達到以柔克剛的境界。練完之後，慢慢喝杯溫開水，更

有助氣血循環、氣機穩定。

不論學生時代或就業後，多參加社團、社群，藉著成功者或團隊的力量，能快速督促自己運動。相關的團體，如：球隊、自行車隊、慢跑隊、登山隊、健行隊……。

自我練習　壓力再大我不怕

腦神經外科醫師許達夫（2009）在《感謝老天，我活下來了！──許達夫成功抗癌黃金實踐篇》中，詳述平甩功對他的幫助。他說：「六年前身心受創最嚴重（2002 年診斷出直腸癌第三期）之時，學習到平甩功，開始只是在恐懼之中傻傻的練，沒想到天天練、時時練，竟然奇蹟出現。」不僅身體好轉、腫瘤消失，更重要的是「心念轉變」、「心平氣和」，甚至於「脫胎換骨」。

許達夫說自己過去行事常心浮氣躁，遇事理直氣壯，好似「很有威力」，但往往「事倍功半」，甚至「功敗垂成」。練功後，做人做事變得「平和」，昔日同事都感受到他的改變。

他說，練功進入狀況後真會「忘我」，尤其心情很壞、身體很差時，更能體會。那時全身舒暢，氣運十足，清風徐來，好不快活。回神之後，精神百倍，所有病痛完全消失。

看到許達夫醫師的情況，你是否燃起對運動的希望與熱

情？即使得了癌症，還能藉著運動使腫瘤消失，甚至改變心境。許達夫在罹癌的情況下，對於平甩功是天天練、時時練，每天累計的時間都超過一、兩個鐘頭。我們如果能做到許達夫的五分之一——練個二、三十分鐘，也許身心健康就能大幅改善。

能不能振奮起來，不一定是練平甩功，只要找到一、兩項適合的運動，鼓勵自己堅持下去，一定也能創造意想不到的效果。準備一個鬧鈴式的計時器，定好倒數 30 分鐘，努力做到鈴響為止。實驗一、兩個星期，看看效果如何？

CHAPTER **7**

做個能夠管理時間的人

我有一年以上的時間可以申請研究所……
好像還很久嘛!

不可以這樣想!你要出國的話有比
你想像更多的事情要規劃!英文檢定
、研究計畫、教授推薦,全部都需要
時間踏實的去做!

計畫表

TOEFL

CV

V2N2

壓力事件簿

　　身兼歌手、作曲家、作詞家、唱片製作人的知名音樂人李宗盛，雖非音樂科班出身，卻寫出許多膾炙人口的流行歌曲。他的成長過程以世俗標準來看，不僅稱不上優秀，甚至可算失敗、沒出息。他的課業成績一直不理想，考高中兩次都落榜。讀五專（明新工專）時不斷重修，掙扎了七年仍無法畢業，最後只好辦理自願退學。這樣的不順利，反而讓他想通了：既然「沒有能力成為別人想要的樣子，所以我只能選擇做自己。我開始去想像一個自己的樣子，一個我自己會接受、喜歡的、李宗盛的樣子；這成了我工專七年最要緊的事」（袁世珮、梁玉芳，2009）。

　　李宗盛邊念工專、邊在父親的瓦斯店工作，也一面思考自己要成為怎麼樣的人。因為熱愛唱歌，1979 年在他 22 歲時，組了木吉他合唱團。1980 年進入唱片界，1982 年製作鄭怡專輯《小雨來得正是時候》大賣。之後寫過無數暢銷歌曲，替許多知名歌手製作專輯。2002 年成立自己的手工吉他製作品牌，2008 年與羅大佑、周華健、張震嶽合組「縱貫線」樂團，成功展開多場巡迴演唱。

　　看了李宗盛的故事，你有什麼感想？覺得他是音樂天才，可以靠著這個天分，輕輕鬆鬆成功成名。所以，會不會

讀書根本沒關係！或感慨好多人像他一樣，因為不會讀書而被認為沒出息。為了把書讀好而吃了許多苦頭，但最終卻徒勞無功。

還好李宗盛能突破世俗的成功觀念，找到自己能做的事，成為自己喜歡的、專屬於李宗盛的樣子。

第一節　時間管理與夢想人生

管理學大師彼得‧杜拉克（Peter Drucker）說：「**時間是個人最匱乏的資源，不能管理時間的人，不能管理任何事情。**」一天接著一天，延伸下去就是「一生」。到底是「命運天註定」，還是「命運掌握在自己手裡」？

壹、是福是禍，由誰決定？

某次，我在某培訓機關講課時，下課有位學員跑過來「善意」地提醒我：「王老師，你目前的運勢很好，都能心想事成，但51歲時要小心。」他的「鐵口直斷」，讓不信算命的我「暗地裡」形成了心理壓力。當我把這個心結告訴讀高中的女兒，她馬上以孟子的話來反駁：

> 般樂怠敖，是自求禍也。禍福無不自己求之者。

《詩》云：「永言配命，自求多福。」《太甲》曰：
「天作孽，猶可違；自作孽，不可活。」此之謂也。
──《孟子‧公孫丑上》

女兒說，如果我相信「51歲時要小心」這句話，就會不由自主地受到影響，使不好的事真的發生。其實，**禍福是自己的行為所造成**（「禍福無不自己求之者」），**不該推卸責任。**所以要「自求多福」，不要「自作孽，不可活」。

聽完女兒的「分析」，我想，與其擔心51歲時的命運，不如管好自己目前的體重與血壓吧！這一定得努力好好改善睡眠、運動才能成功。其實，好事、壞事都與自己的行為有關，該做什麼就要「即知即行」，才能「立地成佛」。不要等來不及了，才來懊悔。

看到體重計、血壓計的數字就想逃避（所以有人不量體重及血壓），結果愈不想要的東西，愈是纏繞著你。正確的態度是：明確知道自己要什麼，並且對自己的狀態負責。**強迫自己面對糟糕的狀態，雖然不舒服，但得「慢慢」體驗其中的「痛苦」，才能苦盡甘來。**「躲開」只會錯失處理的良機，使問題惡化至無法收拾。

「51歲時要小心」，還是有它的道理。子曰：「五十而知天命」，50歲是自我了解的成熟期，要自問：「**上天賦予我的使命是什麼？如何積極發揮自己的天賦以回饋社會？**」

貳、短、中、長程的生涯目標

「生涯規劃」是指規劃自己眼前到十年後，生涯發展的方向與目標。而且要從「長程目標」（五到十年間達成）開始，其次是「中程目標」，（一到五年間達成），最後才是一年內的「短程目標」。從大處、遠處著眼，才知道眼前的日子該怎麼過。我們跟大多數人一樣，都無法或不敢想得那麼遠，怕只是「空想」、「多想」，但仍比「不想」、「少想」來得好。試著把短、中、長程目標寫下來，具體化之後，較能督促自己採取行動。

生涯規劃的最高指導原則是「終生目標」，即個人的「願景」。如李宗盛所說：「**去想像一個自己的樣子，一個我自己會接受、喜歡的、李宗盛的樣子。**」短程目標通常在年初（如元旦）那天列出來，不要擔心能不能完成，今年沒做到的，若是很重要的目標，可以再列為明年的短程目標，繼續加油。一年之內的短程目標，可以擴大到兩、三年，有些接近中程目標的概念。之所以**放在短程目標，用意只在提醒：應該開始行動了**。短程目標也可縮小到一個學期，甚至一個較長的假期（寒、暑假），建議寫十個左右的目標。

以大學生來說，大學四或五年的時間其實很短。若未及早思考未來，茫茫然地一年過一年，大學階段就可能浪費掉。18歲時要設想：十年後，我想達到什麼長程目標？據此規劃大學

四或五年的中程目標，最後才是分別從大一到大四的短程目標。

　　將自己的短、中、長程目標「訴諸文字」，描述得愈具體愈好。並向相關及重要人士「請教」，廣泛聽取各方意見，做有意義的修正。為什麼要廣泛聽取別人的意見？有些人可能會潑你冷水，或過於保守而阻擋你前進的腳步。但有些人則十分有智慧、遠見，會極力鼓勵你，給你具體、建設性的建議。多聽聽不同年齡、身分、背景、個性者的見解，才有機會遇到智者，開拓與加速自己達成人生目標的腳步。

　　長程目標是指十年後期望達到的理想狀況，以大學生而言，範圍包括：身心健康的維護、英語或日語等語言能力的檢定、就業專長的培訓與證照（包含第二、第三專長）、在職進修、轉業準備、建立家庭、溝通與領導技巧的增進、更高學歷的追求或出國留學、遊學計畫等。這些長程目標可放進大學四、五年內分別進行。長程及中程目標確定了，眼前的方向才不會偏差，篤定地大步向前。簡單的表格如表 7-1 所示。

　　訂定生涯目標的前提是，先充分認識自己的長處與興趣，多涉獵「趨勢」及「創新」方面的書籍，幫助自己內外更新、不致落伍。聰明的人可以折服別人，高明的人卻能擺平自己。羅馬不是一天造成的，與其羨慕或佩服別人的成就，更該學習訂定生涯目標及達成的方法。

表 7-1　短、中、長程之生涯目標

	課業及 專長培養	身心健康	人際關係與 領導等軟實力	理財及其他
長程目標				
中程目標				
短程目標				

參、如何進行生涯規劃？

以大學生為例，該如何進行生涯規劃呢？

一、找到自己的定位

1. 如果發現目前所學和真正的興趣不同，怎麼辦？

能夠發現自己真正的興趣，是件十分幸運的事。然而，還是要找有經驗的人諮詢，而且多請教幾個人，才能得到較中肯且具有建設性的意見。怕的是發現太晚，如果到了「大三」才發現自己的興趣所在，就可能沒有轉系的勇氣了。所以「大一」就要主動檢核自己的興趣與目前就讀學系的吻合程度，若不太吻合，則儘快決定轉系或規劃雙學位、輔系、學程等，不要拖延或逃避。

2. 如果父母的期望和自己的想法不同，該據理力爭、堅持己見或遷就父母？

當我們對自己的未來有了想法，或發現自己的興趣與目前

所學不合，要試著和父母溝通。不論堅持己見或遷就父母的期待，都不是理想的做法。和家長溝通並非叛逆或不孝，因為不論父母的建議再好，畢竟自己的未來仍應自己負責。否則就算有了高學位，從事一般人認為的理想工作，仍無法樂在其中。

二、設定自己的目標

1. 要不要延畢？繼續讀研究所或先就業？

大學畢業前不少人相當惶惑，要繼續升學嗎？要考到名校研究所才有價值嗎？延畢一年可以學到更多嗎？此時，別人的意見或做法只是參考，重要的是自己的需要與判斷。可以先工作，以在職班的身分讀研究所；固然較為辛苦，但能將理論與實務結合，還保有工作及收入，覺得更為踏實。

2. 要不要出國遊學或留學？

職場需要具有國際觀的人才，如何具備國際觀？可行之道包括：加強自己的英語及第二外國語文能力、多接觸國際資訊（書籍、報章雜誌、網站）、成為國際交換生、打工遊學、自助旅行等。至於是否要到國外留學，應以自己的長程目標為依歸。若決定要去（至少嘗試），在經濟、語文及身心適應等方面要提早準備。

三、築夢的具體步驟

1.「築夢」該從何下手？用何種方法才能有效達成目標？

萬事起頭難，與其天馬行空、不切實際的勾勒美好願景，不如把腦海中飄浮的念頭寫下來，再請教別人及逐步修正。有了目標之後，就要計畫實際的行動。可從短期目標開始，因為期限較短（兩個月、半年、一年），可督促自己行動，使自己更積極、有效率。

2. 如何自我行銷，爭取更多學習及表現的機會？

要別人指導甚至提拔你，得把握平時表現的機會，給別人留下良好的印象。有機會時，不論是向別人請求或別人想到你，都較順其自然。所以，平時就要積極自我行銷、建立人脈，「臨時抱佛腳」是來不及的。你的老師、同學、學長姊、校友、社團成員，甚至是朋友的朋友，或聽演講時把握機會認識的「名人」，都是你的人脈。撥出時間與他們交流，在自然的狀態下建立人際關係。

四、自我激勵

1. 追夢過程中如果遭遇挫折，該以何種心態面對？

不嘗試就沒有失敗，實際上是停滯不前，失去許多成長、成熟的機會。反之，嘗試後雖有成有敗，但失敗後反而印象深刻、學到更多。只要勇敢面對失敗、再次挑戰，就可具備更多的本事與膽識。尤其課業上一帆風順的人，更該早些體會失敗的價值，可洗去不必要的傲慢，虛心地學習真工夫。

2. 如何愈挫愈勇、保持熱忱？

要培養自己成為正向思考的人，不論遇到再大困境，都當成是助力。平時多與積極進取的人相處，感染他們的樂觀與行動力。多向有經驗的人請益，避免盲目嘗試而多走冤枉路。更要時時自我激勵，保持比別人更高昂的學習或工作熱情。

五、做好就業的準備

1. 我的溝通與領導能力如何？進入社會（職場）後，如何經營同僚關係？如何與上司相處？

職場上需要的不僅是學歷與專長等硬實力，如果不善於表達、不能與人合作，終會因人際關係不佳而無法發揮所長，甚而必須離職。有升遷機會時，能否與人協調溝通，也是適合晉升管理階層的關鍵因素。所以，大學階段不要只注意專業課程，而錯失培養軟實力的機會。要多選修「表達」、「溝通」、「領導」等有關的課程，接受社團幹部與辦活動的歷練，儲備自己的經營管理與溝通領導能力。

2. 職場新鮮人應該抱持怎樣的態度、注意哪些職場倫理？

工作壓力包括職場環境（硬體、組織文化、工作氣氛）及工作負荷兩部分。這兩部分都跟「人」有關，如果過於「自我封閉」甚至「自以為是」，就無法理解別人的要求，也無法讓人理解自己的狀況。這個「心結」並非別人造成，唯有靠自己才能解開。敬業、負責、謙虛、誠信等工作態度，尊重、溫

暖、親和、熱情等職場倫理，都非一日之功，須在平時養成，才會「習慣成自然」。

生涯規劃是生命工程的藍圖，有了它才能安心、篤定；也可以說，生涯規劃是紓壓的大功臣。焦慮、抱怨無益，不如拿這些能量立刻進行生涯規劃。一般人以為只有年輕人或學生才需要進行生涯規劃；其實各個人生階段都很需要，如果能好好規劃，人生將更充實而精采，不會無聊、空虛及遺憾。

第二節 誰是時間管理達人？

生涯目標的達成，有賴實際行動，否則美好的願景只是空中樓閣。要達成生涯目標，「時間管理」的技巧最為必要。

壹、時間管理四象限

壓力沉重時，時間管理可以幫助我們在有限時間內做最好的安排。Stephen R. Covey 等人所著《與時間有約——全方位資源管理》（*First Things First: To Live, to Love, to Learn, to Leave a Legacy*）（張美惠、陳絜吾譯，2004）一書中，提出時間管理四象限。事情可依「緊急」或「不緊急」、「重要」與「不重要」等標準，分為四種情況。橫軸代表「重要」，「原點」向右愈來愈重要，向左則愈來愈不重要；縱軸代表「緊急」，「原點」向上愈來愈緊急，向下則愈來愈不緊急，依此分出四

緊急

第二象限：　　　　　　　　　第一象限：

「不重要但緊急」　　　　　　「重要且緊急」

不重要 ——————————————————————— 重要

第三象限：　　　　　　　　　第四象限：

「不重要也不緊急」　　　　　「重要但不緊急」

不緊急

圖 7-1 時間管理的四象限

資料來源：張美惠、陳絜吾譯（2004）。

個象限。

　　學習時間管理的第一步，即是分辨事情的緩急輕重。一般的優先順序是：第一象限、第二象限、第四象限、第三象限。但，**正確的順序應是第四象限「重要但不緊急」最為優先，接著才是第一象限「重要且緊急」**。第二及第三象限這類「不重要的事」，即使非常緊急也應盡量避開。因為，**時間只用在「重要的事」，避免掉入「緊急程度」的陷阱**。如果我們一直處理「緊急的事」，就沒有時間做「重要的事」。而且做緊急的事，心情通常緊張；若一直處在壓力鍋中，必然妨害工作及生活品質。

　　然而，重要的事通常不輕鬆，人性有「好逸惡勞」的弱點，所以常將費時、困難、不趕時間、沒興趣的事擺在後頭，然而這些事情往往是不能輕忽的「大事」。但即使重要的事，仍須區辨哪些事需親自做，哪些可委託別人？哪些是別人的事，自己不要越界？哪些事應分工，而非獨自承擔？**壓力有時來自別人的「推拖」，若能確實「授權」與「負責」，大家都能從團隊合作中紓解壓力。**

貳、工作效率

　　壓力變大的原因之一是效率不佳，借助時間管理，可以克服惰性、拖延及缺乏執行力等問題，這是指平時慢吞吞、不緊張，不肯提早開始工作或保持效率。真正的效率是從容不迫、不疾不徐、心平氣和、穩當可靠，是細水長流而非一鼓作氣，是限時工作而非超時工作，是寧靜喜悅而非急躁匆促。所以做事是否「得法」，就非常重要。

　　一直處在事情太多、職責太重的高壓狀態，而沒時間運動、休閒、與家人相處，甚至睡眠不足，效率也會愈來愈低，壓力就愈來愈大。此時需要休個假，單獨或找個親近的人陪伴，到一個安靜的地方進行自我探索，如：

　　　目前所做的事，對自己、家人的價值為何？
　　　什麼原因讓我承受不了壓力？

什麼狀況讓我覺得壓力變大？

這樣下去會不會得到憂鬱症？

應如何取捨與拒絕？

大前研一在所著《OFF學——會玩，才會成功》（陳柏誠譯，2006）一書中，提到要避免「憂鬱的星期一」，關鍵在週末假期的時間分配。容易身心疲累的活動，應盡量安排在週六。一天來回的活動，如：旅行、主題樂園的遊玩、購物以及朋友聚會等，也都一樣。而按摩、理髮、上沙龍修剪指甲等放鬆型的休閒，則集中在週日。

以週日晚餐為假期的終止時刻，夜晚設定為下週工作的準備時間。確認未來一週或者未來一個月的行程，如此一來，工作的程序自然地在腦海中演練。等週一早上開始，一週的工作將會明確又順利地進行。

參、工作清單

時間計畫與工作清單密切相關，就像購物清單一樣，要列出來才不會遺漏。每日開始工作之前，先列出工作清單，讓自己清楚要做的事情及期限。有些事情可能是例行工作而每天出現，有些工作則需要一段較長時間，但也要每天有進度。另一些事情可能就只是某些時候才需要處理，或是臨時、突發事件。

列工作清單的好處很多，可以清楚知道目前的工作負擔；不論按部就班去做，或是加緊腳步完成，都可紓解不少工作壓力，也會提升工作效率。

肆、時間單位的規劃

具體的時間管理，從「時間單位」的規劃開始。「時間單位」是指做某件事「一次」使用的時間，剛開始建議以 20 至 30 分鐘為一個時間單位，一小時安排兩、三件事情，好處是：

1. 一次只需 20 分鐘，時間很短，所以容易度過。
2. 一小時做三件事，較不容易疲倦。
3. 如果多件事被要求在同一時限完成時，「齊頭並進」可使每件事都同時推動，心理上會較為安定。

一般人習慣做完一件再做下一件，覺得比較沒有壓力。但事情太多時，這個方法就行不通。幾件事同時推進，會較有效率。有些小事不必花太多時間就可完成，擺到後面做反而增加壓力。小事、雜事先做完，看到清爽的桌面，會覺得事情變少，何樂而不為？

時間規劃不要貪心或理想化，每次規劃半天就好。早上、下午、晚上分三段規劃，這樣的確定性及可行性最高。如：上午時段的基本型為：

8：00～ 8：20 收發 e-mail

8：20～ 8：40 整理資料 1

8：40～ 9：00 工作 A（I）

9：00～ 9：20 整理資料 2

9：20～ 9：40 打電話

9：40～10：00 工作 B（I）

10：00～10：20 收發 e-mail

10：20～10：40 工作 C（I）

10：40～11：00 工作 A（II）

11：00～11：20 工作 B（II）

11：20～11：40 打電話

11：40～12：00 工作 C（II）

　　這時需要時間管理的工具——「計時器」，按上 20 分鐘「倒數計時」，時間一到即有聲響或音樂提醒，無需頻頻看錶，有「小兵立大功」之效。

　　「今日時間管理表」可影印或修改為適合自己的表格來練習，若你原有的備忘錄即有類似設計，繼續使用你熟悉的表格。

今日時間管理表　　　　　　　　　月　　日　　星期

　8：00 ....　16：00 ....
　　　　　 ....　　　　　　 ....
　9：00 ....　17：00 ....
　　　　　 ....　　　　　　 ....
10：00 ....　18：00 ....
　　　　　 ....　　　　　　 ....
11：00 ....　19：00 ....
　　　　　 ....　　　　　　 ....
12：00 ....　20：00 ....
　　　　　 ....　　　　　　 ....
13：00 ....　21：00 ....
　　　　　 ....　　　　　　 ....
14：00 ....　22：00 ....
　　　　　 ....　　　　　　 ....
15：00 ....　23：00 ....
　　　　　 ....　　　　　　 ....

【今日最重要的事】

　1 ....　　6 ....
　2 ....　　7 ....
　3 ....　　8 ....
　4 ....　　9 ....
　5 ....　 10 ....

　　時間規劃之後，若臨時發生干擾而打破原先安排，該怎麼辦？其實，跳過去或重新規劃就可以，「**干擾」是正常的，不必抗拒與懊惱**。必要時，保留一段不受干擾的時間，或預留一些空白時間，來彌補被打斷的工作。另外，**預計完成事情的期限放寬些**，除了減少壓力，也較易提前完成，增加自信心與成就感。

　　初學者鼓勵你盡量按照時間計畫進行，但也不必「機械化」，實在做不到「按表操課」時不必自責，還是先以你覺得行得通的方式進行。但請不要放棄時間管理，就像睡眠與運動習慣的養成一樣，要成為一個時間管理者，也需要天天練習。有無運動的差異很大，有無時間管理亦然。

伍、時間計畫與彈性

　　其實，時間單位的切割不一定是固定的，除了 20、30 分鐘之外，還可彈性變化。如：

一、5 至 10 分鐘的迷你時間

1. 用來做「不想做」或困難的事：雖然只做一點點，總比逃避好得多，而且做了會發現，事情沒有想像中那麼困難。

2. 用在工作的「開始階段」：俗稱「萬事起頭難」，以 5 至 10 分鐘就可「逼迫」自己「開工」。

3. 用在複雜度較高、「長期進行」的工作：對於較複雜及長期的工作，迷你時間的工作方式，思慮反而更豐富與周密。

二、40 至 60 分鐘的較長時間

1. 工作需要比較專心、一氣呵成時。
2. 工作比較上手，長時間的效果較顯著。
3. 工作要收尾，需要多些時間做圓滿的結束。

總之，不論該做或想做的大小事，都可以靈活的規劃到今日時間管理表內。好像玩「時間遊戲」一般，伸縮、收放自如。當事情一件件完成，會覺得輕鬆、有信心。時間管理是紓壓的好幫手，不可不學！

自我練習 壓力再大我不怕

據報導（陳宛茜，2017），2003 年，80 歲的齊邦媛獨自住進養生村。當時載她的計程車司機問：「兒子呢？」齊邦媛回答：「我才 80 歲，還有自己的生活要過。」六年後，齊邦媛出版傳紀《巨流河》，震動華人世界。最近她出版散文集《一生中的一天》，書中收錄她在養生村寫作《巨流河》的五年日記，記錄她寫作《巨流河》的心路歷程，也娓娓道

來這一代的「新養老觀」。

齊邦媛形容自己是「舊時代的女子」，大學畢業一年便嫁為人妻，三個孩子陸續出世，「一直在人堆中生活」。2003 年，先生臥病住院，三個孩子散居美國、臺灣，她被迫獨居。某次颱風夜她擔驚受怕，開始思考未來「自己的生活怎麼過？」。齊邦媛曾到美國兒子家住了半年。她說，兒子希望她留下來，但「我有我的生活，也知道三代近距離生活的艱難，不希望喜怒哀樂家人都要管。」她在美國看到養生村的廣告，回臺後一人前往勘查，決定住下。

從親友到學生，每一個都反對齊邦媛的決定。她卻發揮「東北人的牧野精神」，堅持住進養生村。一住十年，齊邦媛從未感到孤單，也從來沒有這麼多可以自主安排的時間和空間。「在這裡我不再牽掛、等待，身心得以舒展安放、俯仰自適。在明亮的窗前或燈下，開始一筆一畫寫我的生命之書《巨流河》。」

齊邦媛認為，現代人已沒有組成大家庭的空間與經濟條件，「沒有大家庭的房子、院子和經濟，何必去扯大家庭的糾葛？」不如找一個適當的地方養老，自己締造理想的晚年生活。

她不諱言自己曾經抱著「等死」的心態，「等也不死，很麻煩，就不等吧。」心境一轉，「不等」讓她打開另一個世界。每天讀書寫作，每一刻都是永恆。

CHAPTER 8

樂觀與正向是可以練習的

壓力事件簿

　　2009 年 5 月 19 日，江秀真和兩位隊友登上海拔標高 8,848 公尺的聖母峰，這是她第二次登峰，第一次在 1995 年，當時才 24 歲。不知道還能不能回來，登頂前寫下遺書。成功登上聖母峰後，她對人生有了新視野：「遇到困難，我總會想起登山攻頂時的險境，什麼事都算不上困難了，因為最艱難的我已走過。」

　　她是成功攀登世界七大洲頂峰，並從聖母峰南、北兩側都登頂的第一位華人女性。全球 60 億人當中，只有 136 人做到（馬鈺龍，2009），江秀真因此當選為國際青商會第 47 屆十大傑出青年（教育體育類）。

　　江秀真在玉山國家公園管理處擔任保育巡查員，自小家境貧困，母親當保母、父親開計程車，她和弟妹跟著在新北市雙溪鄉下的阿嬤家長大。國中起她就須打工貼補家用，高中讀夜間部，白天工作的薪水幾乎全給父母。她還加入田徑隊，參加比賽拿冠軍，賺取獎學金。高中起開始爬山，過程中學到如何克服艱難及謙卑，並更珍惜大自然與人生。

　　看到江秀真的報導，你有什麼感想？覺得不解嗎？為什麼要去爬山自討苦吃，甚至可能送命。還是羨慕與佩服她能承受特別的辛苦，面對一般人不敢挑戰的風險。苦盡甘來的

滋味以及日後無所懼的心境，是沒有付出或受苦的人所無法
體會。

　　江秀真為什麼要以如此危險的任務自我挑戰？因為江秀
真看到與感受的與你我不同。「初念淺，轉念深」，「山窮
水盡疑無路，柳暗花明又一村」，人生只要願意多轉幾個
彎，路就會變寬，心也跟著開闊。如 S.H.E 女子團體所唱的
歌〈花都開好了〉（施人誠作詞，左安安作曲）：

> 如果沒遇上那麼多轉彎，怎能來到你身旁。
> 現在往回看每一步混亂，原來都暗藏方向。
> 曾經還以為再不能承擔，一滴淚水的重量，
> 今天終於知道，眼淚也可以醞釀出芬芳。

第一節　樂觀是後天學來的

　　像江秀真一樣，能承受一般人難以忍耐的辛苦者，如 2017
年臺北市承辦的世界大學運動會，許多得獎選手有那麼優異的
好表現，其實都是付出了我們難以想像的苦練。

　　我們常覺得自己的條件不夠好，人生目標的達成遙遙無期
嗎？真的如此嗎？有沒有人的條件其實比我們差，卻十分積
極、樂觀，「只問耕耘，不問收穫」，不論受到多少苦，不到

萬不得已絕不輕易放棄？

壹、為什麼要樂觀？

　　相由心生，外在的美醜其實是內心的投射。樂觀者與悲觀
者看待事情的角度，也是一種投射，前者放大優點，後者誇大
缺點。於是樂觀者愈來愈幸福，悲觀者愈來愈不幸。

　　樂觀或悲觀並非天生，多半是後天習得的態度；所以要扭
轉看事情的角度，多看事情好的一面，或把事情看得愈來愈
好。以 80 / 20 法則來說，**樂觀者讓 20%的好事影響 80%的人
生。悲觀者剛好相反，讓 20%的壞事破壞 80%的人生。**

　　學習樂觀是為了不沉溺在痛苦的狀態中，設置「不抱怨的
世界」網站的美國牧師 Will Bowen 說（陳敬旻譯，2009：
180）：

　　　　當我們抱怨時，就是在說：「事情不太對勁。」
　　當我們經常抱怨時，就是持續活在「事情不太對勁」
　　的狀態中，因而增加了生活中的壓力。

　　有時狀況確實悲慘，該如何面對？例如，筆者所教的某個
大學生，期末考缺席了，原因是：

老師：

　　我今天缺考了，原因不是貪玩或是念太晚睡過頭，而是我在醫院陪我媽媽。您還記得我最後一次的請假理由，是媽媽生病了。因為我爸是臺商，長年在大陸，媽媽受不了爸爸包二奶的打擊，整天鬱鬱寡歡。爸跟媽提了離婚，媽答應但也生病了，長期的壓力讓她罹患了憂鬱症。我這個禮拜照顧她，是因為她中風了。

　　這陣子我真的感到人生大起大落，三年前爸爸賺了大錢，讓我們生活無虞。可是如今爸爸早就不匯錢回來，生活重擔完全落在媽媽身上。為了減輕媽媽的負擔，我只好拚命打工，自己負責大學的學費跟房租，家裡還有妹妹跟弟弟。

　　這學期好混亂，為了打工我常蹺課，其他老師都覺得我是愛睡覺，即使我說打工，他們也不太相信。老師我真的對您很抱歉，我沒那個福氣每堂都聽到您授課。如果有緣分的話，我會再選一次您的課，然後好好上課。寫到這邊，我的眼淚已經潰堤到不知該說什麼……我真想好好上課，只是……

　　樂觀與悲觀的不同，在於樂觀者願意接受問題的存在，並有解決問題的意願。遇到無法控制的情況，則轉而接受。悲觀者否認問題的存在，**對於不好的事情解釋為會持續下去，而且影響生命中的每一件事**。一直自責、內疚，認為全是自己的錯。

　　臺灣知名作家袁哲生，於 2004 年 4 月 6 日自縊身亡，年僅 39。他擅長以青少年及兒童眼光，表達成人世界的無常、社會

的虛假以及人際關係的疏離。2001 至 2003 年出版倪亞達系列書籍，2010 年拍成電視劇。在別人眼裡他是開朗樂觀、喜歡說笑話的人，他的自殺讓文壇一片愕然、大惑不解。

袁哲生曾感慨臺灣文學創作環境不佳，文學書籍能見度太低，且對本地創作者缺乏支持、過於苛責。在接任某男性雜誌總編輯後，工作壓力倍增，從事文學創作的時間受到擠壓。**但他習慣以快樂的一面示人，不輕易向人吐露心事。**

認識一個作家可以從他的作品去體會，袁哲生常處理死亡的議題，這裡引述一段他對青少年心境的描述（出自《寂寞的遊戲》，1999：32）：

> 我總是對一些陰暗的角落特別感興趣，有時候，我會把小水溝上的木板蓋子掀開來，看著溝底一層墨黑的淤泥上，有許多細小的孑孓在盡情地扭動著。這些陰溝裡的小生命真的非常迷人，像是一群在黑暗中狂歡的幽靈。

明華園當家小生孫翠鳳，2000 年在她 42 歲時，罹患了憂鬱症（粘嫦鈺，2009）。平常她總給人神采奕奕的感覺，似乎有用不完的精力，年頭到年尾除了睡覺時間全都在演出，卻突然喪失動力，無法上臺演出。全身健檢後發現，原來得了憂鬱症，**可能因過度疲勞，也可能是自我要求過高。之後足足有半年時間，她徹底休息，完全不上臺演出。**

臺大醫學院精神科教授李明濱表示：「孫翠鳳算是相對幸運的憂鬱症患者，她勇於向精神科醫師求助，對症下藥，避免疾病惡化。」明華園團長陳勝福發現妻子沒有拚鬥動力時，一開始以為是她鬧情緒，等發現事態嚴重，立刻調整所有步調。他沒有放棄妻子，沒有把她當病人，而是更疼惜她、花時間多陪伴她。半年時間孫翠鳳就克服憂鬱症狀，和一般人多年的長期抗戰相比，稱得上迅速好轉。

其實，孫翠鳳遭遇的重大挫折比一般人來得多。報載（施靜茹，2009），孫翠鳳26歲、剛當媽媽時，兒子猝死（僅五、六個月大），加上先生拍片負債一千萬元，萬念俱灰之下，她曾在半夜走到淡水河九號水門，恍神中腳已踩進河裡，還好突然有人叫住她：「三更半夜，妳在做什麼？」才使她頓時清醒過來。附近寺廟的廟祝把她帶到廟裡喝茶、拜拜，待了十幾分鐘，她的心情才逐漸平復。

1987年，孫翠鳳30歲時，發現老公與親姊姊發生不倫之戀，並生下一女。她在明華園辦公室開記者會時竟對姊姊說「謝謝」，因為她本想離婚，但姊姊願意退讓，所以她說：「感謝姊姊的寬宏大量，讓我保有健全的家庭。」

經歷大風大浪的孫翠鳳，2000年暴瘦，幸好懂得及時求醫，未再有自殺念頭。歷經三年服藥治療，終於逐漸走出陰霾。以孫翠鳳來說，長年在舞臺工作，時時刻刻都想要突破，如同壓力鍋，若未能適時紓壓，就可能導致心理疾病。

貳、壓力與悲觀的惡性循環

挫敗與壓力的關係為何？如下述「壓力循環的四階段」（莊勝雄譯，1997：42-52）所闡釋：

第一階段：消極思想——積極思考如何解決問題，不會使你感受到壓力。只有在你萌生一些消極的想法時，壓力才會跟著而來。

第二階段：消極情緒——消極的想法會帶來消極的情緒。

第三階段：化學反應——腎上腺素會釋放出壓力化學物質。

第四階段：身體徵兆——身體開始產生反應，如心跳加快、胃酸增多、頻尿、腹瀉、便祕、肌肉收縮、呼吸急促、想哭、冒冷汗、無法清晰思考等。

消極的想法與持續的壓力，會形成惡性循環，使身體的不適感更加強烈。所以，要控制壓力的繁殖，就得從辨識消極、悲觀的思想開始，接著檢視自己的情緒、身體感覺與功能、行為等。減輕壓力的五步驟如下（莊勝雄譯，1997：128）：

1. 找出令你煩惱的原因：當你煩惱時，記下是什麼事件造成，以及當時的身心感受為何。可依下列表格簡單記錄：

日期	事件	我的想法	我的情緒	身體變化

2. **改變你能控制的事物**：對生活中某些事件不滿意時，設法改變它，這也會增進自信心。若不去改變可調整的部分，將給自己帶來更大壓力，也會產生沮喪與無力感。

3. **改變自己的態度**：我們不可能改變全部的事情，也不能消滅天生的情緒，所以要停止帶來壓力的消極想法與情緒。

4. **運動**：適度的有氧運動，可促進頭腦分泌正腎上腺素。處在長期壓力下的人，正腎上腺素的含量都相當低。運動也會促使身體大量產生β腦內啡，這是人體的天然麻醉劑，可減輕疼痛感造成積極自信的效果。

5. **做自己喜歡的事**：找出生活中讓你快樂的事，珍惜生活中的大小樂趣，策劃生活中的情趣，充分休息與睡眠等。

　　事情有多糟糕並不可怕，**可怕的是我們把事情想得多糟糕**。壓力是個人對事件困難度的詮釋，要避免悲觀、消極，就

不要過分自責，能多讚美自己。將失敗當作一件好事，凡事不要太勉強。抗壓者的心理機轉是：**困境發生時，關注即時議題，而非普遍議題。**想辦法化解困境，並樂觀看待此事。將困頓當作上天的試煉，堅信終會雨過天青。

第二節　維持正向態度

2010 年，78 歲高齡的稻盛和夫接受日本首相鳩山由紀夫的請託，接掌即將破產的日本航空公司執行長。稻盛和夫被奉為日本的「經營之聖」，憑藉什麼本事？稻盛和夫說（快樂工作人 Cheers 編輯部，2010：129）：我的工作觀及人生觀可以用一個「方程式」來表示：

人生・工作的結果＝思考方式×熱情×能力

壹、正向思考與正向語言

稻盛和夫認為，**這個方程式中，思考方式最為重要。**因為，另兩項分數的範圍都是 0 到 100 分，思考方式卻是從負 100 分到正 100 分。他說（快樂工作人 Cheers 編輯部，2010：130）：

對辛苦甘之如飴，希望「兼善他人」的思考，就

是「正面」的思考方式；相反地，對世界冷眼旁觀，嫉妒他人的思考，就是「負面」的思考方式。萬一能力及熱情都很強，「負面」思考方式，將會在人生及工作上留下龐大的負值。

吸引力法則（Law of Attraction）就是「看」或「想」事情的角度，如果我們總擔憂壞事發生，就會「吸引」壞事持續發生。若希望好事發生，則要增強正向思考（positive thinking）的能量。正確的做法是：多「想」肯定句，「不要」、「不是」、「別」這樣的字眼，在內心反而會出現這些被勸阻的東西（林說俐譯，2007：37）。也就是說，當你聽到自己說包含「不要」、「不是」或「別」的話，其實就是把注意力集中在「不想」要的事物上。這時要趕緊問自己：我到底要什麼？（林說俐譯，2007：38）把否定句變成肯定句。例如：

把「不要慌」變成「要鎮定」。
把「錢不夠用」變成「有很多錢」。
把「不要遲到」變成「要準時到達」。
把「不要弄髒」變成「要保持乾淨」。
把「不要過胖」變成「要苗條」。

對於原本排斥或拖延的事，也要將腦中的想法從「不愉快」轉換成「愉快」。對於原本不喜歡的人事物，要重新輸入

正向的念頭。如果你覺得切換到正面，是件十分困難的事，表示你是較為負向的人，需要改變的幅度更大。**不僅是變成正向，要「更正向」才行。**

學習對自己、對別人多說好話，也就是多說肯定、鼓勵、振奮、正向回饋、建設性的建議等。如：

> 值得被愛。
> 可以很幸福。
> 可以很成功。
> 離自己的目標愈來愈近。
> 討人喜歡。
> 喜歡自己。
> 勇敢做自己。
> 原諒自己一如原諒別人。
> 心中充滿自信和力量。

如果你不愛自己，就不敢相信別人會愛你。如果你不懂得讚美自己，也不會真正讚美別人。所以，先從對自己說好話開始，才可能真正的喜歡及讚美別人。

要有正向的觀念，將別人加諸的壓力當作向上的推力。如：遇到較嚴格的老師，就要慶幸因而學會準時上課及繳交作業，並更專注於學習。筆者在撰寫碩士論文時，一開始也不能準時交出論文稿子，常找藉口拖延。幾次之後，恩師賈馥茗先

生就說：「等你確定何時可以交稿，再告訴我確定的日期。」從此我「借力使力」，將恩師的要求當成準時交稿的積極壓力（優壓）。

將失敗的痛苦當成上天的恩賜，如〈愛拚才會贏〉這首臺語歌：「一時失志不免怨嘆，一時落魄不免膽寒，那通失去希望，每日醉茫茫，無魂有體親像稻草人……三分天註定，七分靠打拚，愛拚才會贏」，**失意能使人「痛定思痛」、「大徹大悟」**。

養成「以最有益的方式詮釋情況」的習慣，將他人的動機假設為慷慨而人道。**改變對事情的看法，將壓力、負擔改為機遇、挑戰，對壓力心存感激**。如：競賽、考試壓力、公演、畢業展、成果展、發表會、系際或校際賽、電視的選秀節目等，都是激發潛能的絕佳機會。

在某研究所的課堂上，筆者遇到一位「年輕有為」的學生，二十六、七歲就擔任學校主任，之後很快即有機會當上校長。所以在他的口頭報告上，我就提高了標準，給予他較嚴格的評語（若別人同樣表現，應可獲得讚賞），但我仍擔心他無法承受，不料卻收到他的「電子謝函」：

老師：

　　在教學生涯的每個階段，我都能遇到貴人。層層困境壓得我快撐不下去時，這些貴人的鼓勵，使我能勇敢的繼續接受挑戰。態度轉換後，許多事都沒有想像中困難。不論擔任行政工作或參加比賽，我總受到教師同仁的認同，獲得無比的榮耀。

　　上週在課堂上報告，最後得到您的指正，對我是極大的成長。老師句句切中我的缺點，令我當下感動不已。我自認有著極佳的「自省」能力，慶幸能及時聽到老師對我的一番指教。未來的路還很長，老師精闢的指正，是讓我跳躍性成長的最佳方式。謝謝老師！

貳、勝利者與放棄者的差別

　　勝利者永不放棄，放棄者永不勝利。勝利者總是正向思考，承認消極面的存在，拒絕與消極面共浮沉。勝利者「習慣性」從最惡劣的環境中，尋求最好的結果。反之，放棄者由於幾次失敗，就產生「習得的無助」（learned helplessness），形成一種絕望的心態，不斷發出負面訊息，如：

> 這些我都試過了，一點效果也沒有。
> 就算這個問題解決了，還會有更大的問題。
> 問題非常嚴重，我一個人努力有什麼用！
> 經濟不景氣，害我都沒有工作機會。

你根本就不知道我有多辛苦！

我這麼努力，卻沒有任何回報！

負面訊息與失敗之間，形成了「自行應驗的預言」（self-fulfilling prophecy）。失敗者預期的失敗果然出現，於是愈來愈看不見真正的問題，不能對症下藥，只認為自己是可憐蟲、受害者。

勝利者是高學習動機者，認為成功是因為能力強，失敗是因為努力不夠。所以，失敗時會找出缺失、努力改善。反之，放棄者是低學習動機者，認為成功是因為運氣好，失敗是因為能力不夠。覺得自己能力不夠，一開始就失去了鬥志。其實，能力是後天培養的，即使是先天的強項，若後天疏懶，也會江郎才盡。所謂「運氣好」，是時時謹慎及充分準備的結果。

若常遺忘而錯過重要事情，嘴上說「真倒楣」，卻不改善「粗心大意」的毛病，那麼，倒楣的事只會一再發生。「江山易改，本性難移」，這是指「要改變自己的個性，本來就非常困難」，但一成不變，無法帶來成功。所以，成功者是願意改變自己的人，**失敗者則輸給了自己的個性，情願眼前舒服也不肯吃苦，最終只好放棄夢想。**

當失敗、困頓出現時，有人覺得大事已定，怨嘆時運不濟；有人卻能力挽狂瀾、創造新局。可見，成敗都「有跡可循」，成功者的想法始終如一，就是「我要成功」、「我做得

到」。如果想法逐漸變成「想要贏」，甚至是「可能會輸」、「可能做不到」，就會漸漸失去自信，離成功愈來愈遠。這些想法的差距乍看不大，實則「差之毫釐，謬以千里」。

憑著樂觀與正向思考，就能心想事成嗎？發明大王愛迪生說：「天才是一分靈感，加上九十九分的努力。」靈感人人都有，若之後的想法是「可能做不到」，就比不上愛迪生堅信「我做得到」，所以愛迪生願意付出九十九分的努力。

自我練習　壓力再大我不怕

我們常以世俗的成敗或與別人比較，來衡量自己的好壞，結果令自己自卑、苦惱。因為，世俗的成功標準往往過窄，上報紙頭條版面、獲得國際大獎的「臺灣之光」，能有幾人？跟別人比較更是殘酷，因為「人外有人，天外有天」，為什麼不能只追求自我突破與超越呢？

《天下雜誌》專訪搖滾天團「五月天」（馬岳琳，2009），鼓手冠佑說：「我們五個人的個性，都是比較樂觀又不服輸，一開始，周遭給我們的壓力全是『這不能當成你們的未來』。但五月天一直嘗試告訴年輕人：只要是對的事、沒有違背整個社會，去做就對了。」

怪獸當初承受的壓力最大，爸爸是律師，自己又讀臺大，按理要接下父親的事務所。可是怪獸的爸爸第一次聽完

五月天的演唱會之後，就決定放手讓兒子去飛。

十年來寫過七張專輯、近百首歌的主唱阿信說：「創作上 99% 都是瓶頸……每完成一句歌詞，我就要面對九十九句的失敗。」但是，他相信：「就算天分不足、靈感不夠，誰能跟這些失敗相處得最好，就愈能坦然面對自己，能在成功後不會患得患失的繼續走下去。」

所以阿信覺得，學校最該教的是如何跟失敗相處。阿信認為，即使我們不是李白，卻都有機會變成一個後天靠自己努力來的李白。

你可能本來就喜歡五月天的積極樂觀，知道阿信寫歌的辛苦、怪獸面對父親期望的高壓力。你會發現成功得先學習與失敗及壓力相處，不是一味的抱怨、放棄。如果能做到阿信精神的五分之一，我們也會成為「一個後天靠自己努力來的李白」。所以，靠自己振奮起來，想出與失敗及壓力相處的方法，鼓勵自己堅持下去。相信只要肯做，就可能像五月天一樣，十年如一日的持續努力。

CHAPTER 9

打不倒我的，
讓我更強壯

我原本是因為對英文有興趣才準備考托福申請美國學校交換生，考試壓力不是該讓我成長嗎？為什麼反而讓我開始討厭英文了呢？

如果壓力大到讓你痛苦成這樣，就代表你要換個心態跟讀書方法了，不要只是逃避喔！

壓力事件簿

　　1982 年，趙德胤出生於緬甸東北方靠近中國邊界的臘戍，1998 年，在他 16 歲的那年，趙德胤在三千個報考者中，錄取了臺灣的學校。家裡花了半年時間籌措約二萬港幣，才順利取得緬甸護照，讓他前往臺灣。

　　「我來臺灣的那筆錢，很大一部分是大姊出的，她那時候在泰國存的錢幾乎全部給我。」趙德胤說。當時到臺灣花的仲介費，在緬甸可以買一棟房子，而原本趙家在緬甸，住的是最貧窮的泥土地、竹片牆、茅草屋頂。

　　到臺灣後就讀臺中高工印刷科，後來以臺灣科技大學設計系畢業作品《白鴿》入選釜山影展、哥本哈根影展、澳大利亞影展、里昂影展、西班牙短片影展、臺灣國際學生電影金獅獎等，自此獲得注目。之後的作品如《歸來的人》、《窮人。榴槤。麻藥。偷渡客》、《冰毒》等，均獲得無數國內外的大獎。

　　2016 年以《再見瓦城》獲第 73 屆威尼斯影展歐洲電影聯盟大獎最佳影片、法國亞眠國際影展最佳影片，並入圍第 53 屆金馬獎最佳導演獎。2016 年獲頒第 53 屆金馬獎年度臺灣傑出電影工作者。2014 年《冰毒》參加柏林影展，並代表臺灣角逐奧斯卡外語片，2016 年《再見瓦城》去了威尼斯，

得到歐洲電影聯盟大獎，並在年底的金馬獎入圍最佳劇情片、導演等六項，另一部片《翡翠之城》也入圍最佳紀錄片。

《再見瓦城》講他的大姊早期偷渡到泰國的故事，偷渡到泰國的緬甸華人多有個臺灣夢；大姊後來取得泰國身分，終究沒有去成臺灣。臺灣夢的最後一哩路，由家中最小的弟弟趙德胤接力完成。在趙德胤成長的臘戌，長期是毒梟、叛軍活動的區域，軍火與毒品氾濫；民生凋蔽，遍地貧窮與饑饉。唯有離開，才有未來可言。

《翡翠之城》，趙德胤填補的是大哥 16 歲離家後的空白。大哥是出不去的人，只能在寒冷的冬天，潛下冰冷的河底挖玉石，因為水壓，上岸後流鼻血，因為想家想發財，想到晚上睡不著。拿著老闆遞過來的鴉片，慢慢抽著，才能平靜睡著，第二天醒來，繼續潛入河底挖玉石。

如果趙德胤不是最小的弟弟，而是排行老大，就要犧牲自己餵養弟妹。又或者 1998 年的那場決定性的考試，少了幾分，來不了臺灣，只能留在緬甸，他也會像大哥及許多挖玉石的同鄉一樣沉淪嗎？

到了臺灣，趙德胤靠著獎學金及半工半讀，不但學雜費和生活費完全自理，每年還能寄七、八萬臺幣回緬甸，為家人買房子、安頓生活，再繼續自己的創作、拍片。他觀察到臺灣的環境讓大學生很「安逸」，不如緬甸人有危機感，他

七、八歲就跟著媽媽砍柴（年收入才新臺幣三萬元）。

　　趙德胤認為大學生要學習獨立，為自己負責；獨立包括經濟及思想。打工可讓經濟獨立，還學會彎腰、身段柔軟。他相信，只要勤勞、獨立加上有專業技能，大學畢業後絕對有競爭力，不怕找不到工作（陳智華，2010）。

第一節　該來的躲不掉

　　臺灣的大學生要能居安思危，即使目前的自己還不錯，不表示已具有生存競爭力。不管父母的經濟狀況如何，即使大學階段不需要打工賺取生活費，仍可將打工視為磨練自己獨立及謙卑的機會。只要夠勤勞，加上大學期間認真踏實的學習，將來就不怕失業。

壹、不要躲壓力

　　德國哲學家尼采說：「**任何打不倒我的，都將讓我更強壯。**」基本上，挫折、困頓屬於「劣壓」（「壞的壓力」），但面對壓力時的個別差異，導致結果截然不同。有人被擊倒而喪失自信，有人從屈辱慘敗中站起且更加茁壯。

　　面對劣壓，若不能接受又無法克服，結果會怎樣？2010年3月20日，屏東縣高樹鄉發生一起男焦屍命案，三天就偵破。

45 歲的曾姓男子被剛滿 18 歲的長女及 17 歲的兒子殺害，原因是不滿父親長期酒後施暴。他們先用藥將父親迷昏，再將他綑綁起來潑灑汽油焚燒。曾某痛醒時，兒子和女兒的男友分持棍棒、三角鐵架敲擊他的頭部直到死亡。曾女向警方供稱，因不堪父親性侵及家暴，兩年前離家。仍住家中的弟弟與她一樣長期不快樂，所以她決定夥同男友「結束這一切」。她說：「我一直都很恨他！」弟弟也表示兩三年前就想這麼做了。鄰居說，死者回家看到晚餐沒做好，會拿皮帶抽打女兒。女兒離家後換兒子做飯，也是不高興就用皮帶抽打兒子。

姊弟的遭遇固然令人同情，但姊姊面對劣壓除了離家出走，還與弟弟聯手殺死父親，為何不向學校輔導室或家暴防治單位通報（屏東社會處說，沒有曾家姊弟遭受家暴的求助紀錄）？**他們雖然報了仇，卻也付出慘痛的代價。**與趙德胤的狀況相比，同樣是生存危機，趙選擇面對家貧的事實，爭取十分稀有的機會，隻身來臺讀書、工作。12 年來，不僅讀到碩士學位，還一直資助家人。

父母與家庭是不能選擇的，只能轉「劣壓」為「優壓」，才能化最苦為最甜。不論是不想要的劣壓，或因追求目標而經歷的挫敗，既然躲不掉（又能躲多久），不如正面迎向它。

貳、不要怕壓力

許多人害怕劣壓，偶然想到就努力地把它「壓下去」。然

而，愈拖延、否認，壓力只會變得更可怕。不少人仍以這種退縮方式，獲得奇妙的「心理平衡」。等到有一天來不及處理了，才怨恨自己懶惰、不勇敢。

其實，只要不怕劣壓，抽絲剝繭的解除，劣壓就沒有生存的空間。就像浴室的地磚，為了防滑而採取紋路的設計。但那些紋路所構成的小凹槽，也成了藏汙納垢之所。即使暗色的瓷磚，也有無法忽視的陳年汙垢。看久了，心理上會產生微妙的變化，除了無奈、厭煩，還可能自欺欺人地想「並沒有多髒」，或索性認為「那種汙垢是洗不掉的」。如果找到合適的清潔劑，耐心的一塊一塊清洗，會發現汙垢沒有想像中頑強。只要不怕麻煩，就能克服麻煩。

如果只做有趣、喜歡做的事，稍微無聊、困難的事就拒絕，恐怕大多數工作都無法完成。因為大多數「必須」做的事，可能非常單調、乏味甚至痛苦，得靠自己創造意義、提振士氣。

現代社會的壓力愈來愈大，外在政治、經濟、自然環境有層出不窮的問題。如果被嚇倒或相信悲觀的論調，就愈來愈無奈與無助。要勇於面對現實或真相，做個有掌控能力的人。也就是判斷哪些事可以改變，然後展開行動。

不怕壓力的人，才能把事情做好，因為他們細心、肯付出以及耐煩。「細心」是因為「不厭其煩」，「付出」是因為想把事情做好，「耐煩」是因為看得到遠方的目標，所以不怕眼

前的阻礙與辛苦。

　　成功的人不僅「不怕壓力」，還會「給自己壓力」。一試再試、精益求精，讓人驚嘆他們有用不完的精力與熱情。如：藝術工作者、企業經營者、作家等，往往愈挫愈勇，不將失敗當一回事。外人看來已經完美的時候，還自己猛挑毛病。

　　名作家張曉風在少年時代，每天放學後跑到國文老師的宿舍，遞上一首新詩或一闋詞，第二天再去老師那裡聽講評。作文課，別人一篇五百字交差了事，她卻抱著本子從上課寫到下課，寫到放學，寫到回家，寫到天亮，把一本本子全寫完了，寫出一篇小說來。老師雖被她煩得要死，卻對她終生不忘。

　　讀大一時，張曉風也是一天一篇的投稿。因為沒錢郵寄，只好每天親自送稿到報社（交給門口警衛），也因此準確的收到兩天前的退稿。張曉風將投稿和退稿視為「有動脈就有靜脈」一般合乎自然定律，一點也不覺得沮喪。張曉風說（梁實秋等，2010：27）：

　　　　那一陣投稿我一無所獲──其實，不是這樣的，
　　　　我大有斬獲，我學會用無所謂的心情接受退稿。……
　　　　如果看到幾篇稿子回航就令你沮喪消沉──年輕人，
　　　　請聽我張狂的大笑吧！一個怕退稿的人，可怎麼去面
　　　　對衝鋒陷陣的人生呢？

第二節　不要太快放棄

有這麼多運動員、創業家、發明家、身心障礙者、病人作為表率，是否能激起你的勇氣與鬥志，面對及化解正面臨的壓力。其實，與他們相比，我們的壓力真的不算什麼！不要太快放棄。人生有許多失望與無奈，如何重燃生存希望？看看下列實例。

壹、面對失敗的陰影

「壞的壓力」有些來自失敗的陰影，我參加一場學術研討會時，遇到一位文大校友——邱騰緯，他主動向我打招呼，感謝我當年對他的協助。得知他的奮鬥歷程，徵得他的同意，提出來與大家分享。希望能以他為楷模，**不要躲在大學聯考失敗的陰影下，耽誤自我栽培的轉機，浪費寶貴的求學光陰**。以下是他努力的歷程：

> 就讀花蓮花崗國中時，加入國樂班學習二胡，連續四年獲得全國國樂合奏比賽優等獎。就讀花蓮高中時，與幾位同好創立胡琴社。
>
> 考上文化大學史學系，參加學校國術社學習少林武術，並擔任農村服務社社長，為偏遠地區國小學童

輔導課業，獲得全國服務性績優社團榮譽。

　　就讀國立臺灣師範大學教育學院碩士班時，將碩士班的研究金、論文獎學金存下十餘萬元給花蓮老家。碩士論文獲得臺灣師範大學「八十八學年度碩士班優秀研究生獎學金」，以及中華民國兒童慈善基金會「1999 年兒童專題論文獎學金」。碩士班時期修習中等學校教育學程，修完「歷史科」、「公民科」、「社會科學概論科」等專門科目，應屆考取政治所博士班。

　　2000 年回母校花崗國中任教，擔任導師及國術社指導教練。同時利用課餘時間繼續進修臺灣師範大學政治所博士班，獲得九十四學年度國立國父紀念館博士論文學術研究獎學金。

　　2007 年當選花蓮縣社會優秀青年，是花蓮縣國民中小學第一位獲得法學博士的社會科教師。

貳、面對不可改變的劣勢

　　如同不能選擇出生的家庭與父母，某些先天、不能改變的身心劣勢，也屬於必須接受的一部分。報載（楊德宜，2009），中央大學網路學習科技所教授陳攸華，身高只有 120 公分。從小因「頭大身小」，成長的過程中飽受嘲笑；她說，

慶幸沒有放棄自己，「**熬得過難關，就能達到目標。**」

　　幾年前，中央大學力邀陳攸華教授返臺任教，但過往不愉快的經驗讓她猶豫不已；三年後才被說服，辭去英國八年的教職。48 歲的她，因先天性軟骨發育不全症，她說：「我哥 185公分、弟弟 178 公分，姊姊、妹妹也都在 165 公分以上」，「你看，我多幸運」。陳攸華國小才 80 公分高，國二求醫時醫生鼓勵她「**不要灰心，妳一定可以轟動世界**」，才使原本自暴自棄、讀後段班的她振作起來，每天讀書到凌晨，以榜首考入聖心女中。

　　自輔仁大學圖書館系畢業後，師生原看好她可輕鬆通過高考，沒想到簡章上規定「高度畸形者不得報考」，使她整整沮喪了一個禮拜，決定硬著頭皮赴美讀資訊碩士，再赴英攻讀博士。「每次求職總能得到面試機會」，最後都得到「很遺憾，妳排第二順位」的通知。她知道問題出在歧視，「面試 20 多次，英國從南到北都跑遍了」，半年後才有大學願意聘用她。

　　報載（朱若蘭，2005），蔡滿堂五歲時罹患小兒麻痺症，求學及求職之路始終跌跌撞撞。右腳穿支架、左腿萎縮的他，最後卻在最需要行動力的旅行社工作，這是他很早就立志從事的職業。**他已擔任了三年領隊，帶過肢障、聽障、腦性麻痺等身心障礙團體到世界各國旅行**。這是一般旅行社沒興趣承接的團體，因蔡滿堂個人遭遇，更能「將心比心」。不論怎麼辛苦，當他看到身心障礙者玩得高興，自己也跟著開心。

參、面對突發的變故

對於先天的疾患，可以一路跌跌撞撞、慢慢適應，但後天突發的變故，該怎麼調適？

14 歲的林奕華（劉惠敏，2010），獲得周大觀文教基金會「2010 年全球熱愛生命獎章」。2007 年，她得到「亞洲盃青少年花式滑冰」冠軍，正要嶄露光芒之際，右腳卻感不適、疼痛，診斷結果罹患惡性骨肉瘤，且已轉移到肺部，必須化療及做人工關節置換手術。2010 年初，林奕華骨癌復發，須切除整條右腿。當時，藝人陳建州用自己受傷必須放棄籃球選手身分的經驗告訴她，人生不是只有一個重心；奕華想了兩個鐘頭，主動與醫師討論她的手術與化療。

切除右腿後，林奕華說：「**我不是少了四分之一，而是還有四分之三！**」雖然不能在冰上暢展舞姿，但面對未來卻依舊自信、發光，她要在生命舞臺上繼續飛舞。她發現關懷別人可以更幸福，所以積極參與公益活動。林奕華與媽媽都認為，**不管明天將如何，「今天會過得很幸福」**。

陽光男孩林政緯（李威儀，2010），因一場意外而全身癱瘓。他選擇積極面對，在銘傳大學畢業典禮上獲頒「銘傳精神獎」，表揚他永不放棄的精神。就讀財金系的林政緯，原是風雲人物，擔任系學會會長，獲選銘傳親善大使、國際先生，還代表學校赴海外參訪交流，是熱舞社的成員。大三暑假和朋友

去海邊玩跳水，因沒有測準水深，頭部直接撞擊地面，造成四節頸椎斷裂。出國留學的夢破碎了，只能在輪椅上度日。

他曾絕望到想放棄自己，「那段時間可說求生不得、求死不能，晚上失眠、煩惱未來，對生命也失去熱情，」林政緯說。「但在病房裡，我看到很多狀況比我還糟的病友，覺得我這樣也不算什麼。」他努力試著接納自己，重新面對生命，慢慢找回過去那個陽光男孩，後來醫院還邀請他輔導有自殺念頭的病人。林政緯說：「**如果我都選擇活著，其他人也不該放棄。**」兩年復健期間，同學每堂課都幫他拍下老師授課的實錄，讓林政緯能在家上課。林政緯則用手臂與手腕的微弱力量，以蜷曲的手指緩緩敲打電腦鍵盤完成學業。

目前，林政緯是脊髓損傷者協會推廣講師、復興電臺「青春正偉大」節目主持人，還是歌手、生命教育演講者、青少年輔導講師。

自我練習　壓力再大我不怕

壓力都是外來的嗎？會不勝負荷而被壓垮嗎？有沒有人反其道而行，不僅不怕壓力，反而不斷自找麻煩──給自己施壓，彷彿壓力愈大愈好？不僅不討厭、不害怕，反而將壓力視為進步的好夥伴？

臺灣純乳負責人謝宏波，就是個不怕壓力的楷模。他主動製造壓力，逼自己不斷進步。據報導（朱婉寧，2009），謝宏波本是電子新貴，擔任知名主機板大廠工程師，28 歲時拿到人生第一桶金（存了 100 萬元）。在電子業十年賺了約 1,500 萬元，年薪約 200 萬元。

2009 年 3 月，一次偶然的機會，在家鄉大園鄉五權村牧場喝到從乳牛身上擠出來的純乳，使他不顧親友反對辭去高薪工作，成立「鮮奶專賣店——臺灣純乳」。

他發揮工程師本色，花了兩個月時間研發 104 種產品。從最簡單的珍珠奶茶做起，自己慢慢品嘗、調配珍珠和鮮奶的比例，找到最適合的口味，但要留下哪一種賣給客戶？他的方法是：六種原料混合出 36 種飲品，自己品嘗後留下 15 種，員工試吃後挑出五種，客人試吃後留下最受歡迎的一種。他還用電腦從一百多種品項中，列出賣得最好的前 50 項與賣得最差的後 30 項；定期淘汰排名在後的，並補上新產品。

看到謝宏波的創業精神，是否給你很大的啟發？要能自我批判、自我更新，才能達到成功。試想，如果謝宏波將研發出來的產品全都推出，好的產品無法發揮功效，不好的產品會拖垮了生意。

比起謝宏波自我施壓，我們對自己是否太寬鬆了？如果

能做到謝宏波的五分之一，也許距離成功就跨進了一大步。能不能振奮起來，想出自我批判與自我更新的策略？相信只要肯做，失敗一定自動退出，成功自然到來。

參考文獻

中文部分

小川叔（2017，8 月 6 日）。你還需要熱情以外的東西。**聯合報**，D2 版。

大美百科全書（*Encyclopedia Americana*）中文版線上資料庫。取自 http://go-psssport.grolier.com/

大英百科全書（*Encyclopedia Britannica*）線上繁體中文版。取自 http://daying.wordpedia.com/

大慧集編輯部（2006，7 月 23 日）。**情緒、壓力與轉化**。取自 http://www.thewisdom.com.tw/Big5/ForumListAForm_the-me.phtml?

天野明（2008）。**家庭教師**。臺北市：東立。

王美華（譯）（2002）。K. B. Matheny & C. J. McCarthy 著。**寫自己的壓力處方**（*Write your own prescription for stress*）。臺北市：張老師文化。

王慧瑛（2008，4 月 6 日）。七年級警察，一包衛生紙用半年。**聯合報**，A10 版。

平郁（譯）（2010）。H. Benson & M. Stark 著。**心靈的治療力量**（*Timeless healing: The power and biology of belief*）。臺

北市：高寶。

臺北醫學大學睡眠中心醫師群（2007，3 月 19 日）。**睡眠守則**。取自 http://www.tmch.org.tw

臺灣精神醫學會（譯）（2014）。American Psychiatric Association 著。《**精神疾病診斷與統計手冊**》（五版）（*Diagnostic and statistical manual of mental disorders*, DSM-5）。新北市：合記。

朱姿樺（2009，11 月 24 日）。好習慣吃健康，遠離安眠藥。**聯合報**，A2 版。

朱若蘭（2005，3 月 28 日）。右腳穿支架，左腿萎縮，帶團遊世界。**聯合報**，C2 版。

朱婉寧（2009，2 月 23 日）。電腦排名賣最差定期淘汰。**聯合報**，B19 版。

行政院勞委會勞工安全衛生研究所（2010）。**職業壓力預防手冊**。

何華丹（2006a）。**生命調理法（1）——消除壓力**。臺北市：聯經。

何華丹（2006b）。**生命調理法（2）——自我催眠**。臺北市：聯經。

吳涔溪（2007，3 月 20 日）。臺灣 480 萬人睡眠出問題。**大紀元周報**。取自 http://www.epochtimes.com/b5/7/3/20/n1651796.htm

吳凱琳（2009）。長中短期，壓力管理完全解讀。**Cheers 雜誌，109**，120-121。

快樂工作人Cheers編輯部（2010）。「人生‧工作的結果」＝「思考方式×熱情×能力」。**Cheers 雜誌，114**，128-130。

李怡嬅（2009）。廚房裡 11 大超實用急救好物。**康健雜誌，122**。取自 http://www.chtr.org.tw/40/719.doc

李俊德（無日期）。**您想學「腹式呼吸法」嗎？**。取自 http://www.csh.org.tw/into/身心科/醫師專欄/李俊德/腹式呼吸法.doc

李威儀（2010，6 月 14 日）。銘傳陽光男孩，癱瘓完成學業。**聯合報**，A6 版。

李毓昭、蕭志強（譯）（1998）。田忠孝顯著。**腦力革命：我不笨，我只是不善用大腦**。臺中市：晨星。

李鳳山（2005，6 月 16 日）。平甩功甩出健康與幸福。**自由電子報**。

周文欽等（編著）（2004）。**壓力與生活**。新北市：空中大學。

周文欽等（2010）。**壓力與生活**。臺北市：心理。

林宜平（2005）。從 A 到 E──人格特性與心血管疾病。**科學發展，392**，80-82。

林南谷（2004，6 月 6 日）。方念華狂瘦 10 公斤，先喜後憂。

聯合報，D3 版。

林說俐（譯）（2007）。M. J. Losier 著。**吸引力法則——心想事成的黃金三步驟**（*Law of attraction: The science of attracting more of what you want and less of what you don't*）。臺北市：方智。

邵虞（譯）（1994）。B. S. Siegel 著。**愛·醫藥·奇蹟——外科醫師與特殊病人的共同見證**（*Love, medicine & miracles: Lessons learned about self-healing from a surgeon's experience with exceptional patients*）。臺北市：遠流。

俞麗錦（2007，11 月 20 日）。緊張的成年人，小心消化性潰瘍。**聯合報**，E4 版。

施靜茹（2009，5 月 26 日）。當年想跳河，孫翠鳳：還好他叫住我。**聯合報**，D2 版。

柯俊銘（2008，1 月 15 日）。排除壓力，告別緊張性頭痛。**聯合報**，E2 版。

洪素卿（2001，4 月 23 日）。減壓先寫壓力日記。**自由電子新聞網**。

修瑞瑩（2010，3 月 22 日）。獨臂系主任「逆境造就一生」。**聯合報**，頭版。

徐如宜（2010，6 月 21 日）。育瑄：活著真好，我珍惜每個今天。**聯合報**，頭版。

桂戴作（無日期）。**你的壓力指數有多高？**。取自 http://hospital.kingnet.com.tw/activity/pressure/test.htm

袁世珮、梁玉芳（2009，2 月 20 日）。14 歲學 e 和弦彈出一首
　　首李宗盛。**聯合報**，A15 版。

袁哲生（1999）。**寂寞的遊戲**。臺北市：聯合文學。

馬岳琳（2009）。五月天：我們的成功，是失敗的累積。**天下**
　　雜誌，**435**。取自 http://mag.chinatimes.com/mag-cnt.aspx?
　　artid=2283

馬鈺龍（2009，11 月 8 日）。江秀真留遺書只為親吻女神的額
　　頭。**聯合報**，A13 版。

張琰（譯）（1999）。B. J. Braham 著。**正面管理壓力**（*Mana-*
　　ging stress: Keeping calm under fire）。臺北市：中國生產
　　力中心。

張春興（1989）。**張氏心理學辭典**。臺北市：東華書局。

張美惠、陳絜吾（譯）（2004）。S. R. Covey, A. R. Merill, &
　　R. R. Merill 著。**與時間有約——全方位資源管理**（*First*
　　things first: To live, to love, to learn, to leave a legacy）。臺
　　北市：天下文化。

張瑞雄（2010，5 月 28 日）：再上課一年？學他賣斧頭給布
　　希。**聯合報**，A23 版。

啟新健康世界雜誌（2008，1 月 31 日）。日夜節律・睡眠關鍵
　　的樞紐，褪黑激素。取自 http://www.ch.com.tw/index.asp?
　　chapter=AIA970201

莊勝雄（譯）（1997）。G. Ratcliffe 著。壓力滾蛋（*Take control of your life*）。臺北市：希代。

許玉君（2009，10月25日）。高學歷不得不低就，恐致平均薪資下降。取自 http://pro.udnjob.com/mag2/pro/storypage.

許達夫（2009）。感謝老天，我活下來了！——許達夫成功抗癌黃金實踐篇。臺北市：時報。

陳永儀（2006）。壓力——是敵人，還是朋友？。臺北市：時報。

陳宛茜（2017，7月31日）。養生村日記，看見齊邦媛新養老觀。聯合報，A5版。

陳芳智（譯）（2003）。S. Talbott 著。輕鬆擺脫壓力：揭開腎上腺皮質醇的奧秘（*The cortisol connection: Why stress makes you fat and ruins your health*）。臺北市：原水文化。

陳柏誠（譯）（2006）。大前研一著。OFF 學——會玩，才會成功。臺北市：天下文化。

陳盈如（2005）。學習與壓力做好朋友向內分泌失調說拜拜。能力雜誌，595，134-140。

陳智華（2010，3月28日）。危機感催生競爭力。聯合報，AA4版。

陳敬旻（譯）（2009）。W. Bowen 著。不抱怨的世界（*A complaint free world: How to stop complaining and start enjoying the life you always wanted*）。臺北市：時報。

陳夢怡（譯）（2015）。R. P. Brown 與 P. L. Gerbarg 著。**呼吸的自癒力：簡單幾步驟，降低壓力和焦慮，提高專注力**。臺北市：天下文化。

陳儀莊、李根芳（譯）（1995）。P. D. Kramer 著。**神奇百憂解——改變性格的好幫手**（*Listening to Prozac*）。臺北市：張老師文化。

梁朝順、吳家欣（2009，6 月 10 日）。La Vie 專訪《慢活》作者 Carl Honer。HiNet 新聞。

梁實秋等（2010）。**趁年輕，做好準備**。臺北市：正中書局。

粘嫦鈺（2009，4 月 6 日）。孫翠鳳半年戰勝憂鬱。**聯合報**，元氣周報。

單國璽（2007）。**當我得到絕症時**。取自 http://stpeter.ccread-bible.org/p=196

彭賢禮（2004，4 月 15 日）。恐怖的大量掉髮，談壓力性掉髮。**聯合報**，E4 版。

彭賢禮（2006，1 月 1 日）。自殺是恐怖攻擊，鬼剃頭。**優活健康網**。取自 http://www.uho.com.tw/hotnews.aspaid=331

湯雅雯（2009，3 月 9 日）。碩士生薪情，2 萬 5 就偷笑。**聯合報**，頭版。

黃正鵠（1991）。**行為治療的基本理論與技術**。臺北市：天馬。

黃亞琪（2009）。無壓力高效率工作法。**Cheers 雜誌**，109，

98-106。

黃明正、高雯玲（譯）（1993）。A. Fox & B. Fox 著。**一生無病計畫——如何喚醒內在醫生**（*Immune for life: Live longer and better by strengthening your "doctor within"*）。臺北市：月旦。

黃寅（2017，4月16日）。壓力是個壞東西？**聯合報**，P2版。

黃惠惠（2002）。**情緒與壓力管理**。臺北市：張老師文化。

楊定一（2008，12月13日）。靜坐找回失去的平衡。**聯合報**，元氣周報。

楊定一（2010，7月11日）。呼吸對了健康跟著來。**聯合報**，元氣周報。

楊德宜（2009，10月13日）。120公分，返臺當教授。**聯合報**，A15版。

楊聰財（2009，5月22日）。紓壓放鬆DIY，疾病不上身。**優活健康網**。取自 http://www.uho.com.tw/health.asp?aid=6528

溫淑真（譯）（1987）。D. Goleman & T. Bennett-Goleman 編著。**鬆弛你的身體**。臺北市：牛頓。

葉心怡（編譯）（2008，7月28日）。研究：靜坐可有效抑制壓力基因。**大紀元周報**。取自 http://www.epochtimes.com/b5/8/7/27/n220b576.htm

葉君遠（2004，3月6日）。江淑娜下周重回黃金夜總會。**聯**

合報，D3 版。

詹建富（2008，12 月 18 日）。高壓上班族，胃食道逆流候選人。**聯合報**，E2 版。

詹建富（2010，2 月 23 日）。你睡夠嗎？睡眠債容易欠很難還。**聯合報**，AA3 版。

維基百科（無日期）。**褪黑素**。取自 http://zh.wikipedia.org/zh-tw/

聞振祺（2005，12 月 20 日）。腸躁症，練習輕鬆一下嘛。**聯合報**，E4 版。

劉惠敏（2010，5 月 27 日）。滑冰少女，我還有 3/4 身體。**聯合報**，A6 版。

潘正德（譯）（1995）。J. S. Greenberg 著。**壓力管理**（*Comprehensive stress management*）。臺北市：心理。

潘震澤（譯）（2002）。R. M. Sapolsky 著。**為什麼斑馬不會得胃潰瘍？：壓力、壓力相關疾病及抗壓之道最新指南**（*Why zebras don't get ulcers?: An updated guide to stress, stress-related diseases, and coping*）。臺北市：遠流。

鄭婉汝（2009，10 月 27 日）。季節轉換，創傷症候復發。**聯合報**，D2 版。

鄭喻心（2009，12 月 5 日）。臺灣失眠人口倍增，慢性病與失眠共枕。**大紀元周報**。取自 http://tw.epochtimes.com/9/12/5/127629.htm

盧世偉（2010，2月2日）。睡眠債欠多少。**聯合報**，D2版。

壓力日記（無日期）。取自 http://home.educities.edu.tw/psyd-anny/practice/practice3_2.htm

繆敏志（1994）。壓力。載於郭靜晃等，**心理學**。臺北市：揚智。

英文部分

Bohn, M. (2009). *The relaxation response: Herbert Benson's meditation method*. Retrieved March 22, 2009, from http://meditation-relaxation.suite101.com/.../the_relaxation_response

Coyne, J. C., & Lazarus, R. S. (1981). Cognitive stress perception, and coping. In I. L. Kutash, L. B. Schlesinger, & Associates (Eds.), *Handbook on stress and anxiety* (2nd ed.). CA: Jossey-Bass.

Holmes, T. H., & Rahe, R. H. (1967). The social readjustment rating scale. *Journal of Psychosomatic Research*, *11*, 213-218.

Selye, H. (1981). The stress concept today. In I. L. Kutash, L. B. Schlesinger, & Associates (Eds.), *Handbook on stress and anxiety* (2nd ed.). CA: Jossey-Bass.

國家圖書館出版品預行編目（CIP）資料

壓力圓舞曲：大學生的壓力管理／王淑俐著.
-- 二版. -- 新北市：心理, 2018.01
面； 公分. --（通識教育系列；33037）
ISBN 978-986-191-808-2（平裝）

1.抗壓 2.壓力 3.生活指導

176.54 106025408

通識教育系列 33037

壓力圓舞曲：大學生的壓力管理（第二版）

作　　者：王淑俐

執行編輯：高碧嶸

總　編　輯：林敬堯

發　行　人：洪有義

出　版　者：心理出版社股份有限公司

地　　址：新北市新店區光明街 288 號 7 樓

電　　話：(02)29150566

傳　　真：(02)29152928

郵撥帳號：19293172 心理出版社股份有限公司

網　　址：http://www.psy.com.tw

電子信箱：psychoco@ms15.hinet.net

駐美代表：LisaWu（lisawu99@optonline.net）

排　版　者：龍虎電腦排版股份有限公司

印　刷　者：龍虎電腦排版股份有限公司

初版一刷：2010 年 10 月

二版一刷：2018 年 1 月

ＩＳＢＮ：978-986-191-808-2

定　　價：新台幣 220 元